タビストック☆子どもの心と発達シリーズ

子どもを理解する
〈0〜1歳〉

Understanding Your Baby
Understanding Your One-Year-Old

ソフィー・ボズウェル／サラ・ガスタヴァス・ジョーンズ 著
平井正三,武藤誠 監訳　NPO法人 子どもの心理療法支援会 訳

岩崎学術出版社

Understanding Your Baby
by Sophie Boswell
Copyright © The Tavistock Clinic 2004
This translation of Understanding Your Baby is published by arrangement with
Jessica Kingsley Publishers Ltd, London
through Tuttle-Mori Agency, Inc., Tokyo

Understanding Your One-Year-Old
by Sarah Gustavus Jones
Copyright © The Tavistock Clinic 2004
This translation of Understanding Your One-Year-Old is published by arrangement with
Jessica Kingsley Publishers Ltd, London
through Tuttle-Mori Agency, Inc., Tokyo

目　次

巻頭言　*7*

第Ⅰ部　0歳の子どもを理解する　*11*

はじめに　*13*

第1章　妊娠，出産，「親子の絆」　*15*
　妊　娠　*16*
　子宮内での生活　*17*
　陣　痛　*18*
　誕生の瞬間　*19*
　快適さを与えること　*21*
　「親子の絆づくり」　*22*
　回　復　*23*
　赤ちゃんの最初の人生への反応　*24*
　最初の数日：新米であること　*25*
　最初の授乳　*26*
　人工乳か母乳か　*27*
　赤ちゃんを知っていくこと　*29*
　役に立つアドバイスと批判的評価　*30*

第2章　最初の6週間　*32*
　気持ちの浮き沈み　*32*

混沌 vs. 規則正しさ　33
　　赤ちゃんの苦痛に応えること　37
　　母親と赤ちゃんがお互いにパニックになること　38
　　親の気分が赤ちゃんにどのように影響するか　41
　　赤ちゃんの気分が親にどのように影響するか　42
　　赤ちゃんの依存を受け止めること　43
　　欲求不満に耐えること　46
　　愛　情　47
　　母親の気分の落ち込みと赤ちゃんへの否定的な気持ち　49
　　生後6週間に訪れる発達上の節目　51

第3章　生後3カ月から6カ月　53
　　新しい能力と新しい感情　53
　　授乳：ミルクとミルクに伴うもの　54
　　さまざまなパーソナリティ　54
　　おっぱいを拒否する赤ちゃん　56
　　離乳食の導入　58
　　分離が進んでいくこと　61
　　睡　眠　62
　　「コントロールド・クライング（泣くことのコントロール）」法　64
　　赤ちゃんの発達　69

第4章　生後6カ月から12カ月　70
　　ずっとまとまりをもってくる　71
　　新しい見方で自分を見るようになる　71
　　新しい見方で母親を見るようになる　72
　　歯が生えること　73
　　さみしさ　73
　　遊ぶことの大切さ　74
　　世界と関わること，まわりの反応を引き出すこと　75
　　笑いと冗談　78
　　勝利の誇らしさと失敗の惨めさ　78

親の反応　*81*
　　赤ちゃんの底力　*84*
　　親の期待と同年齢集団　*85*

第5章　母子分離を乗り切ること　*87*
　　母親が仕事に戻ることと離乳　*87*
　　仕事に戻ること　*88*
　　さよならを言う難しさ　*89*
　　母親は拒否されていると感じるときがある　*90*
　　罪悪感の影響　*93*
　　託児の不安　*94*
　　母親が恋しいと思う経験をさせていくこと　*95*
　　母乳をやめること　*97*
　　先に進んでいくことの利点　*99*

おわりに　*102*

第Ⅱ部　1歳の子どもを理解する　*103*

謝　辞　*105*

はじめに　*107*

第1章　すばらしき新世界　*110*
　　会話はどのようにして始まるのか？　*110*
　　初　語　*113*
　　言語と想像力の世界　*115*
　　初　歩　*118*
　　自信を育むこと　*120*

第2章　探索することの重要性　*123*
　　母親を知り，より広い世界を知っていく　*123*
　　遊びの世界を通じてさまざまな気持ちについて取り組み考えていく　*125*
　　さまざまな家族　*129*

協力し合うカップルという概念　132
　　家族の食事時間　137

第3章　性格の芽生え　141
　　子どもが自分自身を見つけ出していくこと　141
　　家族の中の赤ちゃんの位置づけ　143
　　新しい赤ちゃんの誕生　144
　　赤ちゃんの主張を尊重することと「ダメ」と言うとき　147
　　かんしゃくと恐れ　151

第4章　母親との分離　157
　　さよならとこんにちは　157
　　短時間の分離の意義　159
　　仕事に復帰すること，そして適切な保育所や人を探し出すこと　160
　　親密さとその痛み　162
　　信頼感を育んでいくこと　164
　　ぐっすり眠ること　167
　　トイレット・トレーニングを考える　170

第5章　子ども自身の人生を歩んでいくこと　174
　　家の外に出ていくこと　174
　　分かち合うことを学んでいくこと　176
　　お友達との過ごし方　177
　　構造化された遊びの設定にいるとき　179

おわりに――希望を抱いて前を向いて生きること　184

読書案内　189

監訳者あとがき　191

索　引　195

巻頭言

　タビストック・クリニックは，心理療法士の訓練やメンタルヘルスのための臨床活動，そして調査研究の拠点施設として世界的な名声を得ています。1920年の設立以来，クリニックの辿ってきた歴史は革新的な取り組みの歴史でした。クリニックの本来の目的は，治療を提供することでしたが，その治療を研究の土台として用いることで，メンタルヘルスの諸問題の社会的予防と治療とにつながることをねらったものでした。また，治療から得られたスキルを他の専門職へと伝えていくこともその目的でした。その後，クリニックの活動は，大きな影響力のある重要な発達心理学研究だけでなく，トラウマの治療や，集団における意識的・無意識的プロセスを解明しようとする研究へと向かいました。周産期における死別への取り組みは，死産に関わる医療専門職や，赤ちゃんとの死別を悲しむ親や家族に向けて新しい形のサポートを展開しようとする医療専門職に新たな理解をもたらしました。1950年代と1960年代に発展した，システム論モデルに基づく心理療法は，子どもと親との相互作用や家族内の相互作用に焦点を当てたものですが，今や重要な理論と治療技法として，タビストックの家族療法の訓練と研究において用いられています。

　この「タビストック 子どもの心と発達」シリーズは，タビストック・クリニックの歴史の中で重要な位置を占めています。これまでにそのつど全く新しい形で3度刊行してきました（1960年代[訳注1]，1990年代，そして今回

訳注1）繁多進監訳『タビストック子どもの発達と心理』（あすなろ書房）として翻訳出版。

の 2004 年)。それぞれのシリーズで著者たちは，自分自身の臨床領域や専門家としての訓練をもとにして，その時代時代に観察され経験したかぎりでの「普通の発達」について，それがいかに普通でない，驚くような物語をはらんでいるかを描き出そうと試みてきました。本シリーズは，子どもが日々親やその他の養育者，そしてより広い世界の人々と相互に関わり合っていくなかで成長していく様子のひとコマひとコマの意味を理解しようと努めています。もちろん，社会は変化しますし，本シリーズも同じく変化してきています。けれども，このような変化の中でも，変わらないでいることがあります。それは，それぞれの発達段階において体験される強い感情や情緒そのものに目を向けていくことこそが大切だという発達観であり，本シリーズの著者たちはそうした発達観を心から信奉しているのです。

　このシリーズの最初の巻となる0歳児の部で，ソフィー・ボズウェルは，どのように関係（性）が形作られていくのか考えることから始めます。それから，どのように関係（性）が意味深い方向へと発展していくのかを考えていきます。一方で，関係性の中で生じる激しい怒りや，欲求不満がもたらす強烈な感情についてもひるむことなく考えていきます。なぜなら，そういった感情は，関係性が発展していくことの中に普通に含まれるものであるからです。文中に織り込まれている事例の数々は，読者の心を揺さぶることでしょう。読者も同じような激しい怒りや欲求不満を体験することにもなり，それに耐えていくことにもなるはずです！

　0歳児の部のおわりでは，生後1年目の変化について，いたいけな赤ちゃんからヨチヨチ歩きの幼児への変貌である，と述べられています。しかし，それまでの歩みからも察せられるように，発達において次の段階へと移行するというのは，複雑なプロセスを経ます。伸び盛りの幼児は，さほど以前のことではない赤ちゃんとしての体験様式も伴っており，そのことが，1歳児にとっても，親たちにとっても，困難な状況をもたらすことになります。傷つきやすいやわな姿や，恐怖に脅える心の状態と，より有能で，自信に満ち，

うまくコミュニケーションできる状態への確かな歩みとが併存する状況にあって，親はこのどちらの姿に向かって，どんなことを話せばよいのでしょうか。サラ・ガスタヴァス・ジョーンズは，感動的な説明で，その両方の姿に対してどのように応じるかについて考えていきます。そしてさらに，あたかも過去の出来事や「かつての」感情が突然侵入してくるかのような状態について，その状態に持ちこたえ理解することを可能にする発達の視点に触れることが，このような課題に直面する際にどれほど助けとなるのかについて考えを巡らせています。

ジョナサン・ブラッドレイ
子どもの心理療法士
「タビストック 子どもの心と発達」シリーズ監修者

第Ⅰ部
0歳の子どもを理解する

ソフィー・ボズウェル

はじめに

　第Ⅰ部では，生まれてから1歳までの赤ちゃんの情緒的な世界を読者がもっと理解できるように手助けします。子育てについてアドバイスはしませんが，親と赤ちゃんの具体的な実例を交えながら，赤ちゃんの気持ちや行動の意味について考えるのに役立つ視点をお伝えします。

　ここで背後にある中心的な考え方は，赤ちゃんは，赤ちゃんだけを切り離して理解することはできないということです。赤ちゃんは，主な養育者との間に複雑な関係を作っていきながら育っていくのです。赤ちゃんがまわりの大人たちに伝え，喚起する強い感情を探索することを通して，私たちは，赤ちゃんの心の中で何が起きているかについて，より豊かでより立体的な見方を確立することができます。すべての赤ちゃんは，生まれたその日から濃密な情緒生活を送っています。つまり，その子自身の強い感情や固有のパーソナリティを伴った情緒的な世界を持っているのです。赤ちゃんは，親や身近な養育者の感情やパーソナリティに影響を与えますし，一方で，その人たちの感情やパーソナリティから影響を受けます。その影響は意識されることもあれば，意識されないこともあります。また，赤ちゃんの親自身が育った背景，態度，考え方や無意識の気持ちは，赤ちゃんが人生について学んでいく方法や，赤ちゃんがどのように世界と関わるのかに，大きな影響を与えます。

　どんな関係でもそうですが，親と赤ちゃんとの関係には，良いときと悪いときがあることを忘れてはいけません。赤ちゃんのことをとてもよく理解できるときもあれば，絶望するくらいに物事がうまくいかないこともあります。そうした場合も，修復不能になることはなく，難しい状況や誤解から関係を

立て直すことができます。こうした難局は、赤ちゃんと親の双方にとって、お互いを知りあい、愛し合っていくのに不可欠なことなのです。

　赤ちゃんを産み育てていくのは、人生が変わってしまうほどの驚異的な体験です。特にそれを初めて経験する人にはそうなのです。そのこともあり、この本は第一子の赤ちゃんに焦点を当てます。とはいえ、何回目かの出産であっても、どの赤ちゃんもそれぞれ魅惑的であり、一人ひとり異なったニーズとパーソナリティを持っています。そして、親には、どの赤ちゃんの時にも、その新しい子に再び適応し、ゼロからの発見のプロセスを始めることが求められるのです。

　言うまでもなく、赤ちゃんが生まれる家庭の状況はさまざまで、すべての状況をここに盛り込むことはできていません。私は母親が主な養育者であると想定していますが、ここでの主なテーマは、父親にも、そして赤ちゃんを育てている、その他の養育者にも当てはまると思います。

第1章
妊娠，出産，「親子の絆」

　おそらく私たちみなが，親になる時には自分以外の小さな人間の要求を満たしたいし，赤ちゃんを幸せにできるならなんでもしたい，と心から思うことでしょう。妊娠中から，私たちは赤ちゃんに完璧な環境を与えるように努めますし，人生の中のさまざまな厄介事や痛みから，赤ちゃんを守ることを望んでいます。妊娠時に赤ちゃんにとって適切なものを食べること（あるいは，落ち着いた気持ちでいるとか，クラシック音楽を流すとか）から始まって，「自然な」分娩をして，出産直後には，安らかで幸せな親の愛情深い腕に抱き，肌と肌をふれあわせるということまで，赤ちゃんにとってすべて「よい」ことができたらと望むものです。そして，最も満ち足りた「親子の絆」の経験を基盤にして，最善のスタートができることを望むものです。
　もちろん，こうした理想的なものを目指すことは間違ってはいませんが，理想どおりにいかなくても，赤ちゃんや親に落ち度があるということではないということを知っておく必要があります。「親子の絆」にはさまざまな形があり，物事がすべてスムーズに進む時だけに生じるものではありません。妊娠時や出産時，そしてその後も，私たちは肯定的な感情と同様に否定的な感情，また喜び同様に苦痛，大きな幸せと同様に混乱や不安にも出会うことになります。私たちの赤ちゃんも，生まれてくると，とても幸せそうにしているときもあるかと思えば，とんでもなく苦しそうで不幸に感じているように見えるときもあります。それはどの赤ちゃんも同じなのです。そして，絆を築いていくプロセスは，人間関係を深めていくのと同じように，よいこと

を一緒に楽しむことだけではなく，痛みを伴う経験にも直面することを含みます。そして，それを乗り越えていくやり方を一緒に見つけていくことも含んでいるのです。

妊　娠

　望まれた妊娠は何にも増して，喜び，興奮，誇りをもたらします。以前に妊娠がなかなかうまくいかなかったなかで，ようやく新たに妊娠してそれが出産までもっていけそうだとわかった場合，達成感が強まることがあります。たとえば，ケイトは，第一子の赤ちゃんに妊娠中に抱いた気持ちが，その子とのその後の関係の中で，一定の役割を果たし続けたことを話しています。

> 　私がまた妊娠したときは，すでに2回の流産を経験していたので，自分の受胎能力について心配していたのです。なんとか妊娠を維持できるという望みは，ほとんどすべてあきらめていました。でも，実際は，この妊娠が続きそうだとわかったときには，赤ちゃんにとても感謝しました。そして，赤ちゃんが生まれた後もその気持ちは続いています。生後2日目に彼がミルクを飲み，その後に私に微笑んだ時の気持ちを覚えています。そして，彼はもう大人なのですが，不思議なことに，感謝の気持ちは今でも私の心の中にあります。

　流産をしたことがあったり，不妊治療を受けていたり，妊娠に不安を持っていた場合には，親は，妊娠したときにお腹の中の赤ちゃんへ，強い愛情や感謝の気持ちを持ちます。問題なく妊娠した場合でも，親が赤ちゃんを，自ら選んで自分たちのところにやって来てくれた，贈り物のように感じることはよくあり，そうすると赤ちゃんに対して感じるあたたかさや，やさしさが増すかもしれません。

　とはいうものの，妊娠初期には，赤ちゃんの健康への心配がとても大きくなるもので，女性がつわりや疲労のために半分死んだように感じることがあります。そんなときは，新しくやって来る赤ちゃんのことを考えて常に期待

でわくわくとしているというわけにはいきません。何年も妊娠を待ち望んでいた女性でさえも，悲しさ，抑うつ気分，否定的な気持ちを感じます。胎児を抱えていく負担は大きなもので，生活の他のすべてのことに影を落とすように思えます。胎児が幸せで，健康で，十分に栄養が与えられていて，子宮の中で何から何まで世話をされているようにみえる一方で，母親や父親は，自分のための時間やエネルギーが奪われていると感じるかもしれません。つまり，疲れて，サポートがなく，自分たちが蓄えているものがなくなっていっているように感じて，不安で，傷つきやすい状態になるかもしれません。まるで「母親的な世話」というものがみんなに行きわたるほど十分になく，それが胎児に与えられれば，親にはそれは行きわたらないかのように感じられているのかもしれません。

このような気持は普通に起きてくるものであり，出産前後には時々そういう気持ちになることもある，ということを心に留めて置くことは大切です。妊娠時，さらに新生児との最初の数週間は，親にとって，大人になってからの生活の中で，最も多くの安心感とサポートが必要なときです。同時に親は，これから赤ちゃんの欲求に応えることで精一杯の生活が始まる，という事実に適応していかなくてはならなくなってきます。これは大変なことです。

幸いにも，妊娠時にはたいてい「開花」の時期があり，母親は元気を取り戻します。また，親が，超音波スキャンで，赤ちゃんが育って来ている様子や親指を吸ったり親を安心させるかのように腕を動かしているのを見て興奮するのもこの時期です。大きくなっていくお腹には誇りと興奮があります。それは赤ちゃんが生きていて，育って来ている確かな証拠でもあり，親は自分自身や赤ちゃんに対する自信を取り戻します。親は赤ちゃんに対してもっと話しかけるようになり，その実在を信じ，自分が何かよいものを作り出したと感じて喜びを覚えるのです。

子宮内での生活

赤ちゃんの経験に戻りましょう。子宮の中の生活は理想的だというのが共

通した見方です。つまり，何の欲求不満もなく，欲求はすべて満たされ，ただただ平和で静かであるというものです。子宮の中は，かすかな音や母親の腸のゴロゴロという静かな音，リズミカルで安心する心臓の音があります。そして，薄暗くて，必要な時にはいつでも食べ物があり，空腹とは無縁で，安全で安心な境界があって，まわりを包む羊水によって支えられています。一方，妊娠中の女性は，最悪な状態の時には，お腹のまわりにある余分な体重にあえいでいて，眠ることができず，気分が悪く，疲れて，お腹がすいています。胎児に対する羨ましさと恨みで苦しくなっても不思議ではありません。

　妊娠も終期に近づくと，お母さんにとってはもちろんのこと，赤ちゃんにとっても，子宮の中の生活がかなり不快になっていると思われます。子宮の中の生活について，私たちがどんなことを想像しようとも，ひとつだけ確かなことがあります。それは，胎児はその小さな世界に慣れているということです。まだ生まれていない赤ちゃんにとってはそこが世界なのです。胎児は知らず知らずのうちに誕生へと近づき，大きなショックに向かっていっているのです。胎児の小さな世界がひっくり返り，何もかもが跡形もなく変わっていくだけでなく，実際に今までの世界を永久に失うことになり，全く別の何かに取って変わられることになるのです。

陣　痛

　赤ちゃんが，私たちの世界にどのようにやって来るかということは，とても重要なことだと思われています。おそらくそれは，誕生が，母親にとっては赤ちゃんからの，赤ちゃんにとっては母親からの，初めての劇的な分離だからでしょう。多くの親は，赤ちゃんと出会う日までの日数や週を数えて楽しみにしていますが，この最初の分離はさまざまな不安を掻き立てもします。出産への心構え，痛み止めを使うかどうか，医療的な分娩か自然分娩か，自宅か病院かといったことに伴って，誕生，すなわち母親と赤ちゃんの分離について，さまざまな空想が生み出されます。

親の中には自分自身の恐れを，医療従事者の上に投げかける人もいます。すると医者は冷淡な存在に見えて，自分たちが切望している満ち足りた経験を，脅かし邪魔しているように思えてきます。自分の身体の中に，危険を感じる親もいます。その場合，身体的な痛みや医学的なリスクの恐れでいっぱいになっているので，安全に乗り切らせてもらうために，経験豊かな専門家たちの手に自らをゆだねます。多くの親は，詳しい出産計画を立てたり，出産クラスに参加することを通して，自分の力でできることを手にすると安心していくものです。

出産のためにどれほど準備していても，未知の全く予測できない領域に，私たちは足を踏み入れることになります。出産中と出産直後には，生まれたばかりの赤ちゃんと一緒にそのことに対処しなければなりません。出産の経験は，私たち自身が自分自身について持つ多くの思い込みを，深いレベルで揺るがします。そのとき私たちは，自分がどのように感じ，どのように反応するのかを予想する術はありません。赤ちゃんと親との両方が人生の中で，最も大変な人生の転期を迎えようとしていることを，受け容れるように努めるしかないのです。私たち親ができることは，そのときそのとき出くわすことになんとか対処しようとすることだけなのです。このとき経験したことの意味がわかるようになるには長い時間と余裕が必要なのであり，それは生まれてくる赤ちゃんにとっても同様なのだということを心に留めておく必要があるでしょう。

誕生の瞬間

親の経験

新生児との初めての出会いの瞬間は，強力で原始的な感情を掻き立てます。

初めて母親になったスーザンは，息子の誕生のことを以下のように覚えています。

最終的に帝王切開で出産することになり，お医者さんたちが私のお腹を縫

い，赤ちゃんの体を拭き，いろいろなチェックをする間，私は待たなければなりませんでした。でも，赤ちゃんを抱きたくて抱きたくて，涙でいっぱいになりました。安心したからなのか，待ちきれなかったからなのかわかりません。ただ赤ちゃんを腕に抱きたかったのです。私がずっと考えていたのは，これは私の赤ちゃんよ，あなたたちの赤ちゃんじゃないのよ！ということでした。私が最終的に赤ちゃんを抱いたのは，術後回復室でした。赤ちゃんが，おっぱいを飲む準備はできているといわんばかりに自分の手を吸い続けているのを見て，お医者さんたちは笑っていました。やっと赤ちゃんを抱くことができました。それは，本当にすばらしい経験で，私はずっと震えていて，泣きやむことができませんでした。我を忘れていました。

多くの親が分娩の時に，茫然自失の状態になります。すべてが止まったように思え，時間が経過していること，世界があることといった通常の経験は，自分たちが今経験している途方もない経験に比べると，急に無意味に感じられます。親が動揺してショックを受けるのはよくあることで，自分たちがどこにいるのか，また誰なのかさえも定かではなくなります。こういう状態で，親は赤ちゃんに出会います。赤ちゃんの方でも茫然自失状態であり，自分がどこにいるのか，誰なのか，一体何が起きたのかを全くわかっていません。これは他にたとえようもない瞬間なのです。おそらく自分についてあやふやになっている，こうした状態の中であるからこそ，赤ちゃんが経験していることを最も身近に理解できるのでしょう。こうした始まりから，つまり，混沌として自分が何者なのかよくわからない状態から，お母さん，お父さん，赤ちゃんそれぞれが，自分自身のことやお互いのことを全く新しいやり方で知り始めるのです。

赤ちゃんの経験

赤ちゃんは，生まれてくる時，引っ張られたり，吸引されたり，引き離されたりします。私たちは，赤ちゃんがこうしたときに自分の感覚のスイッチを切ることができていればいいのにと思いたくなるものです。出産時に赤ちゃんはまた，絞り出され圧迫されたときの痛みも経験します。さらに，すべ

てが突然に変わってしまうことで，それまで馴染んでいた世界を失う恐怖もきっとあるでしょう。そうして，赤ちゃんは永遠に続く時間の中にいる状態から，ふと気づくと全く新しい世界にいるということになるのです。

　分娩の間，私たち母親はコントロールを失っていると感じますが，赤ちゃんがどれほどコントロールができないと感じているかを想像するのは難しいことです。赤ちゃんは，暖かい，液体に包まれた子宮の環境から出て，自分を支えてくれる境界がない広大な空間に今やいるのです。そこは寒くて空気で満たされた空間で，新しい色，新しい光景があり，それらは絶えず変化しています。そして，今まで知らなかった身体感覚を経験します。たとえば，肺の中を空気が行き来するという全く新しい呼吸の経験や人の声が直接聞こえてくる経験，それに引力や空腹のショックといった感覚経験に赤ちゃんは身をゆだねているのです。多くの赤ちゃんは，肺に息を入れるとすぐに泣き声をあげて，自分がどれほどこうした経験にショックを受けているかを直接表すことができます。こうした反応をするまでに時間のかかる赤ちゃんもいます。おそらく，こうした赤ちゃんは混乱や眠気の状態に引きこもっていて，新しいことを取り入れる準備がまだできていないのでしょう。

快適さを与えること

　多くの大人は直感的に，生まれたばかりの赤ちゃんは，慣れ親しんだものに近い物の中で安心を感じるのだろうと思います。私たちは，できるだけ子宮の中の状態に近いものを作り出そうとして，赤ちゃんをしっかりと包んだり，暖かさを保つようにしたり，子宮にいる時からわかっていたと思われる，お母さんやお父さんの声が聞けるようにしたりします。そして，もちろん，赤ちゃんが欲しがればすぐに授乳をします。

　気持ちの上でも，生まれてすぐの赤ちゃんは包まれているとか，抱かれているという気持ちを持てることが必要です。というのも，赤ちゃんは，自分の中にある混沌をどうすることもできないと，不安になるからです。母親は，赤ちゃんとまだ密接につながっていて，赤ちゃんに気持ちを合わせているの

で，こうしたことを本能的に行います。おそらくは母親は意識しないままに，深いレベルで赤ちゃんが感じている混乱に応えていくのです。たとえ母親がどうしたらよいかわからず，手に余ると感じていても，母親が赤ちゃんに没頭し，赤ちゃんに対して強い感情を持つことそのものが，赤ちゃんが必要としているものの一つであり，それによって赤ちゃんは，ひとりぼっちだとか，バラバラになっている，とあまり感じなくてすむのです。

「親子の絆づくり」

　この時期においてさえも，多くの親は物事には「正しい」やり方と「間違っている」やり方とがあって，自分たちが何か「間違った」ことをすると，純真無垢な赤ちゃんを傷つけるかもしれない，と心配します。こういった状況の中で，初期の親子の絆づくりの問題は，おそらく最も感情的に揺さぶられることがらです。生まれてすぐの赤ちゃんとの絆づくりの大切さについて広く喧伝されているので，親は子どもの将来の幸せは人生最初の数時間によって決まるかのように感じるかもしれません。

　分娩時の医療処置が，赤ちゃんとの最も重要な最初の時間を，邪魔するかもしれない，と不安に思う親もいます。たとえば，分娩時にあまりに多量の薬を使うと，赤ちゃんは不活発になるとか，母乳で育つことができない赤ちゃんになる，と恐れている親もいます。また，トラウマ的な経験によって産後うつ病になるとか，緊急帝王切開，特に全身麻酔薬は赤ちゃんに早期の分離のトラウマを与えるとか，母親と子どもの絆を作っていく過程を損う，と恐れている親もいます。母親あるいは父親は，自分の子どもに出会った直後の感情が期待していたものと違っていると，ショックを受けたり不安になったりすることもあります。敵意とか恐れ，あるいは無関心さといった感情は，赤ちゃんとの関係を永久に傷つけてしまうのではないかという怖れを抱かせます。

　けれども，私たちはみな，自分の赤ちゃんとそれぞれのやり方で「親子の絆」をつくります。それは，それぞれの親や赤ちゃんのペースで成し遂げる

ことなのです。もちろん，だれかの最初の数時間が別な人のその時間よりも楽しくて，親はよりリラックスして，自分たちの赤ちゃんと楽しむ準備ができている可能性もあります。でも，正常な分娩でないと親子の絆がうまくつくられないと考えるのは，愚かなことです。どんな分娩を経験しても，赤ちゃんが生まれた後の最初の数時間は，いろいろなことが難しく感じられたり，非現実的に感じられます。母親は涙もろくなったり，疲れ果てたり，困惑したりするかもしれません。赤ちゃんは夜の間ずっと泣くかもしれませんし，眠そうだったり反応がないように見えたりするかもしれません。出産の経験が親の期待を裏切ることは珍しくなく，物事が計画通りに行かないことを悲しんだり，怒ったり，後悔する親もいます。

　父親にも，向き合わなければならないことがいろいろ起こってくるでしょう。出産に際して父親が必要だ，ということが過小評価されたり，価値が下げられている傾向があります。父親が身体的な痛みを免れることは事実です。しかし，母親が感情的で不安定になりがちな状況で，父親が支持的で揺るぎないままでい続けることは大切ですが，それは簡単な仕事ではありません。特にパートナーのひどい痛みを目撃しなければならなかったり，パートナーと出生前の赤ちゃんの安全について，かなり不安にさせられる状況を経験した場合，父親もまた出産時に強いショック状態になっているかもしれません。

回　復

　出産に関わった誰にとっても，出産に際して引き起こされる感情は，取り扱いが難しくて，動揺させられるものです。そして，そうした感情が収まるまでには時間が必要です。気持ちをわかってくれる友人や親戚がいて，くぐり抜けてきたストレスや苦痛を再体験しつつ自分たちの経験を話せることは，親にとって安心できることです。親によっては，難産によって，自分たちの人生の中の根深いところにあった問題が悪化して表面化することがあります。そうなってしまうことで，より一層，傷つきやすい状態におかれることになります。ここで大切なのは，こうした最初の数時間の間のことは，変わって

いくものなのだ、ということを心に留めておくことです。最初の困難な状態からは回復できますし、赤ちゃんが回復するのを助けることもできます。このような回復のプロセスこそが「親子の絆づくり」の一番大切な部分かもしれません。

　陣痛が28時間も続いたあげく、全身麻酔を用いた緊急の帝王切開手術を行うという難産を想像してみましょう。この大変な出産がようやく終わった後、助産師が、初めて親になった人たちがどうしているかを見に立ち寄ります。助産師は、母親が長時間続いた陣痛で疲労困憊して眠っているのに気づきます。出産の間中、母親をサポートし続けた父親は、母親のベッドの傍らに座り、生まれたばかりの娘を抱いていて、父子ともに熟睡しています。この家族にとって、このように大変な経験をともにし、それを乗り越えたのちに一緒に休息することこそ、「親子の絆」をつくるプロセスを始めるやり方だったと言えるでしょう。

　親は生まれてきた赤ちゃんと多くの強烈な情緒的経験をともにしていくわけですが、出産は、そのような経験のまさに始まりとなる経験なのです。そして、親と赤ちゃんが大変な始まりを迎えても、そこから回復していくことができる様子には、なにか感動的なものがあります。私たちが自宅でのすばらしい出産を経験しようと、長時間に渡る苦しい陣痛や緊急医療措置というトラウマ的な経験をしようと、あるいは選択的帝王切開による分娩であろうと速くて楽な分娩であろうと、私たちそれぞれが、よい親になり、赤ちゃんと心の絆を結び、赤ちゃんを愛し、世話ができる可能性に変わりがないのです。

赤ちゃんの最初の人生への反応

　赤ちゃんはそれぞれ異なった性格を持って生まれてきます。赤ちゃんの中にはお腹をすかせて生まれてきて、機会を得るとすぐに哺乳する準備ができている赤ちゃんもいます。あるいは、もっと用心深くて、子宮の外の生活を受け容れにくいと感じる赤ちゃんもいます。自分が欲しいものを得るのに必死になって、食べ物がすぐに来ないとパニックになり、そのような差し迫っ

た欲求が満たされないかもしれないことに怯える赤ちゃんもいます。簡単に満足することができて，絶望的な状態になるまで，少し長めに我慢することのできる赤ちゃんもいます。早産の赤ちゃんは，少しゆっくりしたペースで出産後数日眠って過ごし，外の世界に熱中し始めるのに準備がもう少し必要なようにみえることはよくあることです。こうした赤ちゃんは，突然出会うことになった，大量の新しい感覚の衝撃からより守られる必要があるようです。

最初の数日：新米であること

やっと赤ちゃんに出会った後，ほとんどの親は，赤ちゃんから目を離すことができず，完全に没頭し，細かなことのひとつひとつを，本当に奇跡的ですばらしいと感じます。生まれたばかりの赤ちゃんは限りなく魅力的で，多くの点で未知の存在です。めまぐるしい発見の数々に親が慣れてくるにつれて，友人や親せきの人たちが，貴重なサポートやアドバイスや賞賛を与えてくれるに違いありません。新しく親になった人たちは，興奮し舞い上がり，つかの間の非現実的で強烈な幸福感に包まれています。

新しく親になった人たちは，たとえ心の底では未熟で，感情的で，力が及ばないと感じていても，自分たちが有能で，幸せで，「自然な」親であると世間に見せなければならない，というプレッシャーを感じることもあります。初めて母親になった人の中には，人間味の感じられない病棟環境のために，萎縮し不安に感じ，入院している間，落ち着かない人もいます。でも，こうした感情は外的な世界と同様に，母親の内的な世界からも来るものです。また母親の中には，病院の方が，よりサポートされていると感じて，家に帰ることを考えるのを怖がる人もいます。家では病院スタッフのアドバイスや専門知識が得られないので，どのように対処したらよいかわからなくなるからです。

出産とその後の数日は，身体的にも情緒的にも，親は自分が想像していたよりもはるかに混乱していることがよくあります。両親とも，自分たちの生

活が完全に変わったということを，受け入れなければなりませんし，同時に疲労もしています。こうしたことが，両親の間に緊張やいさかいを生み出すことは避けられません。こうした中である時期，ほとんどの親が，幸福感を感じながらもその合間に不安定になり怯えることは，避けられないようです。これは失敗の徴候では全くありません。それどころか，私たちが自制心を完全になくすようなことがなければ，生々しいものであっても自分たち自身の気持ちに正直に触れていることで，赤ちゃんの気持ちにもうまく応えることができやすくなるでしょう。

　多くの女性は，母親業など難なくできるというイメージを持っており，いつの間にか自分がそのようなイメージを維持しようと無理をしてしまっていることに気づかされます。けれども，母親業は簡単ではないのです。ですから，親も赤ちゃんも新米なのだと認め，必要なときには人に頼り，時にはみじめな思いをするかもしれないという事実を受け入れ，自分自身や赤ちゃんが完璧ではないことに耐えながら，自分なりのやり方を見つけていく方がよほど楽になります。母性とはこうあるべきだという考えにとらわれてしまうと，新しく生まれた赤ちゃんを知っていき，赤ちゃんが伝えようとしていることにできる限り心を開いていき，自分自身に対して可能なかぎり正直でいるという育児の基本の妨げとなるかもしれません。

最初の授乳

　おっぱいからであろうと哺乳瓶からであろうと，生まれたばかりの赤ちゃんがお乳を飲むのを見ることは，何か人を安心させ，まるで奇跡のように感じさせるところがあります。お腹のすいた赤ちゃんは，おっぱいか哺乳瓶にすぐに吸いつきます。そのことで，赤ちゃんは自分がどうすればよいのかちゃんと知っているんだな，と母親はわかります。一方で，引きこもっていたり，眠い赤ちゃんは，お乳を飲むように促したり，うまく導いたりすることが必要かもしれません。初めて母親になった人にとっては，分娩後はへとへとに疲れて，力尽きています。そんなときに，授乳への反応が鈍い赤ちゃん

にお乳を飲ませることは，大きなストレスとなるにちがいありません。赤ちゃんが生死の境目にいるという感覚は，出産の間は高まりますが，生まれたばかりの赤ちゃんに授乳しているときの気持は，同じくらい極度の不安を感じるものです。

人工乳か母乳か

　ほとんどの母親が，どのようなやり方で赤ちゃんに授乳するか，そして授乳がどんなものなのかに関して，強い先入観を持っています。練り上げた出産計画が，実際に出産を経験するときには意味がなくなる可能性があることを，私たちのほとんどはわかっていますが，授乳に際して生じる問題は予想以上に感情的で，コントロールできないものです。

　赤ちゃんによっては，生後1日目から乳首に吸いついて，元気よく吸い始め，状況をコントロールし，まるでどうすればよいのかを生まれながらに知っているようにみえ，母親を驚かせることがあります。これは母親の自尊心をすばらしく高めますし，母乳での育児に自信をもたらします。しかし，幸せな母乳での育児を予想していた女性の中には，それが簡単にはいかないとわかってショックを受ける人もいます。多くの場合，その理由はよくわかりません。乳首が陥没していたり痛みがあったり，赤ちゃんが乳首に吸いつかなかったり，体重が増えなかったりという場合もあります。授乳がストレスではなく，楽しいものになるまでには，かなりの辛抱強さと根気が要ります。このことにひどくがっかりし，傷つき，自分は「よい」母親だと信じられなくなる女性もいます。

　母乳での育児を始めると，お乳の量を心配して悩む女性もいます。「お乳は本当に十分かしら？」「赤ちゃんはむやみにお乳を欲しがるように見えるけど，満足させるくらい十分出ているのかしら？」たとえ赤ちゃんの体重が増えて，すべてが順調に行っているように思える時でさえも，母親がこうした不安を持ってしまい，授乳関係が邪魔されることがあります。

　母乳での育児は出産と同じく，とても感情に訴える問題で，何が「自然」

で何が「自然」ではないかという問題になると強くて激しい感情を搔き立てます。母親と赤ちゃんが，一番よいやり方を見つけるのに苦労して，このことが更なるプレッシャーになることもあります。本当は赤ちゃんを人工乳で育てたいのに，赤ちゃんが弱るのではないかという怖れのために，自分の直感に反して，母乳で育てる母親がいるかもしれません。同様に，最初の数回うまく母乳で授乳できなかったために，母乳での授乳が快適になるまで挑戦してみる前に，人工乳に切り変えてしまう母親もいます。私たち母親が自分の持つ価値観で判断するのを少しやめて，自分自身や赤ちゃんの声に耳を傾けていき，自分たちにとってうまくいくやり方を見つけていこうとする方が，ものごとはうまくいくかもしれないように思います。

　忘れてはならないのは，赤ちゃんも授乳関係の参加者であり，授乳のやり方を決めていくなかで一定の役割を果たすことです。喜んで母乳を飲む赤ちゃんは，不安な母親にそれを続ける価値があると確信させることができるかもしれません。一方，母乳が好きかどうかよくわからなかったり，母乳を飲むことにほとんど興味のない赤ちゃんは，心が揺れ動いている母親に，母乳での授乳をあきらめさせてしまうかもしれません。母親と赤ちゃんの関係は緊密に結びついており，どの感情がどちらものだとか，ある不安や好みがどこまでが一方のものであり，どこまでが他方のものであるといったことは，決して明確とはならない関係だと言えます。

　母乳での授乳は，母親と赤ちゃんの間に，最も濃密で貴重な瞬間を与え，また独特な形の親密さと喜びをもたらします。しかし，母乳での授乳がうまくいかなくても，母親と赤ちゃんとの関係が濃密で親密なものでなくなってしまうというわけではありません。哺乳瓶での授乳もすばらしい体験ですし，言うまでもなく，その他にも，母親と赤ちゃんが愛情と暖かさとを伝え合うやり方は数え切れないほどあるのです。もしも，母乳での授乳が，母子双方にとって不安だったり満足しないことだったときに，哺乳瓶を用いることで授乳がもっと楽しめる経験になれば，世界が一転してよいものと感じられることもあります。赤ちゃんの視点からみた場合，最も大切なことは，授乳が楽しいもので，喜んで与えたり受け取ったりするものであると感じられるこ

とです。授乳がどんな形をとることになっても，母親がリラックスしていれば，授乳のやり方にこだわってストレスを感じたり不快に感じるよりも，赤ちゃんをより安心させることができるのです。

赤ちゃんを知っていくこと

　数時間，座ってじっと赤ちゃんを見つめ，その申し分のない様子に感嘆しているとしましょう。そこで赤ちゃんがいつもとは違った動きを少しすると，突然そのことが大きく気になり始め，この小さな命が本当に生き続けることができるのかどうか，出産時と同じような深い怖れに引き戻されるのです。体の中や心の中に具合悪さを感じると，赤ちゃんは恐怖に怯えたり取り乱したりします。そのため，普通とはどのようなことを指すのかとか，外部の援助が必要なときはどんなときなのか，ということを判断するのは難しいものです。そうなると私たちは赤ちゃんの不安定な感情の力に囚われてしまうのです。

　ルイーズは，赤ちゃんが生後3日の時，この種の疑念を初めて抱いた，と語りました。

　　　アニーは，苦しげに泣き続けていて，なにか本当に悪いところがあるみたいだったんです。その時，私たちは彼女のウンチがとてもやわらかいことに気づいて，すぐに危険な病気になっているに違いないと思ったんです。私はパニック状態になりました。ちゃんと考えることができず，心臓がドキドキして，アニーが死んでしまうと思いました。それまでアニーに悪いところがある可能性が少しでもあるなんて思ったことがなかったですし，そのことがこれほど恐ろしいと感じられてくるとは考えてもみませんでした。

　ほとんどの親には，このように突然，赤ちゃんの命がおそろしいほどか弱く感じる瞬間があります。親には，赤ちゃんが元気でいてくれることを願う気持ちが深くありますが，そうした気持ちがあるがゆえに参ってしまいます。いつもよりも長く赤ちゃんが眠っている場合でさえ，親は赤ちゃんのベッド

に急いで行って，赤ちゃんが息をしているかどうかを確かめます。もちろん，こうした不安が現実になって，赤ちゃんが深刻な病気だということもあります。でも，ほとんどの場合，心配している症状はなんでもないことがわかり，普通はかなり速やかに自分たちのバランスを回復することができます。そして，自分たちの赤ちゃんには思いもかけない強さがあり，生命力と成長に向かう原動力を持っている，と見ることが再びできるようになります。このように急に感情が揺れ動くことは，赤ちゃんを育てていく中ではよくあることですし，それは新生児が激しく揺れ動く生々しい感情をもたらしていることを物語ってもいます。

役に立つアドバイスと批判的評価

　人生における人間関係の中で，赤ちゃんとの関係ほど，その関わり方の是非について，意見が分かれる関係はありません。おそらく，赤ちゃんにはとても傷つきやすくて無力なところがあるために，人は，赤ちゃんに「正しいことをする」ことについて深い思いいれを持つのでしょう。泣いたりパニックになっている赤ちゃんを見ているだけで「解決策」がないのは耐えがたいことです。どの親もどれほど能力があっても時には間違ったことをする，という事実は受け容れがたいことなのです。親の誤解や間違いは特に最初の頃には起こるべくして起こりますが，それに赤ちゃんがかなりの程度耐えることができる，ということも受け容れがたい事実です。赤ちゃんが何を必要としていて，私たちが何を与えることができ何を与えることができないのかを，知っていくには時間が必要なのです。

　他の人の援助やサポートやアドバイスが，どうしても必要な時があります。たとえば，初めて親になった人にとっては，赤ちゃんが泣いているのは，際限もなくお腹がすくからでも実存的苦悩に苛まれているからでもなく，単に疲れているからだと見抜くのは，驚くほど難しいことです。しばしばこうした場合，私たちは，この単純だけれど気がつかない見方を第三者に指摘してもらう必要があります。もちろん，こうしたことが分かったとしてもそれを

赤ちゃんに伝えるのはとても難しいわけですが，少なくとも私たち親は，疲れた赤ちゃんが泣くことで，親子が互いにフラストレーションを増大させていくという悪循環から抜け出すことができるのです。

　親には，自分の力で物事を成し遂げるためのゆとりや，失敗から学ぶための余裕が必要な時があります。とりわけ新生児との最初の数日間は，赤ちゃんと自分がどういうありさまなのか把握することに時間をかけることが必要ですし，自分が親であることに慣れるのに時間をかけることが必要です。そのためには，この時期，友人や親せきからあまり多くの知識やアドバイスが与えられすぎて負担になったりということがない方がよいでしょう。親は，赤ちゃんがやって来たという事実に慣れていっているところですし，親子の絆をつくり，家族になっていくことは，円滑に進むばかりでも，完璧に進むばかりでもないのです。私たちは弱く，過ちを犯す存在であり，赤ちゃんもそうです。自分たちに対してあまりに批判的になったり，高い要求をしたりしない方がよいかもしれません。そして，私たちと赤ちゃんがお互いを知っていくという，長くて複雑で魅力的な仕事を始めるためには，何よりもまず一緒にいる時間が必要だということを認めることが大切なのです。

第2章
最初の6週間

気持ちの浮き沈み

　出産後最初の6週間はほとんどの親にとって，またほとんどの赤ちゃんにとって，最も大変な時期です。出産と出産直後の高揚感とドラマティックなときが終わり，急に生まれたばかりの赤ちゃんを自分たちだけで育てていかなければならない段になると，親は，気が重くなるものです。「今日で訪問は終わりです」と助産師が伝えてきた時の恐怖については，多くの母親が語るところです。最初の数週間はとりわけ難しい時期です。この時期，赤ちゃんは怯えていて傷つきやすく，親もまた傷つきやすい時で，自分たちがよい親になれるかどうか，また赤ちゃんが本当に無事に生き延びるか，また大きくなるかどうかに確信が持てません。赤ちゃんに関わっているすべての人にとって，学ばなければならないことが劇的に増加します。
　生まれたばかりの赤ちゃんの生命力は，これ以上ないほどありふれたものではありますが，どこか奇跡的なところがあります。アンドリューは，娘の生後数日の様子を次のように述べています。

　　娘は，本当に小さくて，いとおしく思いました。あの子が寝ているときには，「こんなことはありっこない。私たちがこの子とずっと一緒にいるのが許されるわけがない」と思って，目を離すことができませんでした。自分がな

かば別の世界にいて、ただ漂っているだけのように感じていました。

　生まれたばかりの赤ちゃんは親の心を満たし、親の世界のすべてになります。うまく行っているときの誇りや喜びや興奮は、筆舌に尽くしがたいほどです。一方、いろいろなことがうまく行かないときには、この世の終わりのように感じます。アンドリューの妻のジュリーは、最初の数週間、まるで海の中にいるように感じていました。

　　ある瞬間にはものごとはとてもうまくいっていて、私はとても誇らしい気持ちでいました。自分には、世界最高の赤ちゃんがいて、いつもその子を幸せにできるという気持ちでいたのです。ところが次の瞬間には、すべてがひっくり返ることを思い知らされたのです。娘は急に泣き出し、ひどい様子になって、私はどうして泣くのかわからなくて、よく惨めな気持ちになったものです。そして私は泣きながら、「どんな間違ったことをしているのかしら」と思ってしまうのでした。その後は、なんとか自分を保つので精いっぱいという感じでした。

　最初の数週間は、赤ちゃんも赤ちゃんを世話する人も気持ちが高ぶり、そうした強い感情によって、親は動揺しておろおろしています。ほとんどの親にとって、この時期は例外的に大変な時期であり、時が経つにつれてこうした浮き沈みは極端ではなくなり、赤ちゃんはもっとリラックスして、理解しやすくなります。このことは覚えておいた方がよいでしょう。

混沌 vs. 規則正しさ

　生まれたばかりの赤ちゃんの世話で大変なことの1つに、この頃の赤ちゃんの生活には秩序がなく、そのため予測を立てることができない、ということがあります。新生児によくあるのですが、たとえば、ほとんど一日中眠っているかと思えば、次の日はお乳を飲んでばかりしているようで、そうかと思えばその次の夜はずっと目が覚めていて、空腹だったりと、はっきりとし

たリズムや規則正しさがありません。初めて母親や父親になった人はこれに戸惑ったり混乱したりして、赤ちゃんの睡眠や授乳パターンに論理や一貫性を期待せずにはいられなくなります。そして、自分たちが何か間違ったことをしているのではないか、とも考えます。けれども、私たちにとって秩序立っているように思える世界は、赤ちゃんにとっては混沌だと感じられているかもしれないのです。というのは、空腹や重力のような新たな感覚、肌に感じる温度や質感のいろいろ、新しい匂い、新しい雰囲気、そしてすべての新しい景色や音は、赤ちゃんが子宮の中で知っていた唯一のリズムや規則正しさとはまったく違うものだからです。

　赤ちゃんが新しい環境に慣れて、親の期待することに順応するには時間がかかります。他の子よりも時間のかかる赤ちゃんもいます。生活リズムが乱れても、なんとかやりこなせる親もいますし、ある種の規則を赤ちゃんに課したい思いが強かったり、早くからそうしたくなる親もいます。どのような親もどこかの時点で助けが必要になることがあるとしても、援助の形は人によって違うということを忘れてはいけないでしょう。親の中には本や雑誌を頼ることで、混沌に対処する枠組みを得る人たちもいます。協力的なパートナーは、体験を分かちあうことで強烈な混沌の恐ろしさを和らげてくれるという点で、貴重な存在となります。そのようなパートナーと子育てをともに経験し、子育てに伴う数々の心配を共有することによって、不安が和らぐのです。多くの母親には、話し相手が必要です。それは友達や保健師、それに母親グループや産後グループの人だったりします。誰かと話をすることで、母親はさまざまな物事に対して見通しを得、その結果、より支えられていると感じて、際限がないように思われる赤ちゃんの要求に向き合うことができるのです。

　キャシーの初めての赤ちゃんのカースティは、生後数日の時、毎夜2時間ごとに起きては激しく泣き、お乳を欲しがりました。カースティは抱っこされている時だけ穏やかなので、日中キャシーはスリングで抱いて家の周りを歩きました。カースティが生まれてから2週間もすると、キャシーは疲れ果てて絶望していました。

私は，自分の人生のすべてが奪われた，と感じていました。私の一日は，カースティに授乳しているか，胸に抱いてなだめているだけのように思えて，食事を楽しむこともできませんでしたし，彼女を置いてトイレに行くことさえできなかったのです。友人が「あなたは幸せでしょうね」と言ってくるのに対して，「もちろんよ」と答え続けていました。でも，心の底ではそう感じていませんでした。認めたくはなかったのですが，実は，このすばらしいこと，私がずっと待ち望んでいたものは，悪夢のようだと感じていたのです。

　結局，キャシーは，赤ちゃんに生活リズムを覚えさせるためのアドバイスを与えてくれる本を読み，それが助けになりました。

　最初，私はそういうやり方はとても残酷だと思いました。私は，たとえそれが数分であっても，カースティを泣かせたままにしてもよい，というような考えは嫌いでした。何も変わらないのではないかと恐れました。でも本に書いてある通りにし続けて，本に戻ってはアドバイスを得ることを続けました。本に書かれている通りには進みませんでしたが，しばらくすると彼女が泣いたときに「だめよ，カースティ，あなたは疲れているのよ。さあ，ちゃんと寝なさい」と言うことができ，いずれは眠ると信じて，彼女をベッドに置くことができているのに気づきました。それがしばしばうまく行くのには驚きましたが，うまく行かないときでも，物事をより冷静に感じることができました。カースティは私の人生をもう支配していないと感じて，自信を取り戻すことができました。「何とか子育てができるかもしれない」と私は思い始めたのです。

　それぞれの母親によって必要としているものは異なるということは，赤ちゃんによって必要としていることが異なるということと同様に大切です。キャシーは，絶え間なく要求する赤ちゃんのことを，手に負えないと感じていました。彼女は，自分自身のためにも自分を立て直す必要があったのです。キャシーが役に立ったと思っている本は，まるで彼女自身の母親のように，アドバイスを与えてくれたり，彼女が当時失ってしまっていた，バランスのとれた見方を示唆してくれたのでした。このサポートによって，彼女は

赤ちゃんの苦痛を前ほど怖れなくなりましたし，赤ちゃんのすべての要求の奴隷になっていると感じることも減りました。キャシーが取り乱すことが減り，自分の力を取り戻すことができるようになったことは，たぶんカースティの助けにもなったでしょう。赤ちゃんが母親や父親の心の状態に敏感に反応することは，よく知られています。そのことについては，この章の後半で論じます。

　キャシーがしたように，最初の数週間のうちに，赤ちゃんを規則正しい行動パターンへと導くのが役に立つとわかっているとしても，赤ちゃんが伝えようとしていることや，理解して欲しいと思っていることに母親が開かれていることは，最も大切なことです。赤ちゃんは，ほとんどの時間，当惑して途方に暮れているものです。そして，人生は混沌として，恐ろしく，境界がないものとして感じられています。私たち親自身がこの時期に混沌とした状態に陥る恐怖を持ちますが，それは赤ちゃんも同様なのです。ですから，私たちがそうした混沌に陥る不安を和らげる方法を見つけていくことが，赤ちゃんがより安全で，コントロールをそれほど失っていないと感じられるように援助するのに役に立つのです。

　指針や規則正しい習慣を持つことが，すべての人にうまく行くとは限りません。親の中には流れに身を任せる方が好きな人たちもいますし，どうすべきかを人に言われるのを嫌う人もいます。もちろん，赤ちゃんが本の中に書かれているようには行動しないことに，自然に気づく親もいます。仮に赤ちゃんが少しずつ自分のペースで自分なりのリズムを見つけることに親が付き合うとしても，寝不足でぼんやりとした日々を過ごさなければならないという負担を親自身が担っていることを無視してはいけないでしょう。親も安定した生活が必要ですし，また大人としての自分たちの時間も必要だということを忘れないように注意しなければなりません。自分の限界を意識し，自分なりの物の見方をしっかりと維持しておかなければ，赤ちゃんの奴隷となっていると感じたり，疲れ切って消耗してしまいます。こうしたことが起こるとき，どうしようもない気持ちになっているのは親だけではありません。しばしば赤ちゃんもこれに反応し，より一層怯えてしまうのです。

しかし，もちろん，こうした早期の難しい時期には，強い喜びの瞬間もあります。やせた手足がやわらかく丸くなるにつれて，赤ちゃんの体重が増えていっているのがわかること。母親の胸ですやすやと眠っている満腹の赤ちゃんの暖かさ。赤ちゃんが初めて笑うこと。こうしたことすべてが，赤ちゃんが発達しているという感覚と成長の喜びを増進します。おそらく，親にとって最も安心するのは，自分がそばにいて，あやしてあげることが，まさしく赤ちゃんが必要としていることなのだと喜びを持って少しずつ実感し，うまくやれていると感じるようになってくることです。こうなると，トンネルの出口に光がもっと見えてくるのです。

赤ちゃんの苦痛に応えること

　ほとんどの親は，人間である以上感じる通常の緊張や苦痛からも，赤ちゃんを守ることができたらよいのに，と感じます。私たちは何にも増して，自分たちの子どもが幸せであって欲しいと思うものです。だから，赤ちゃんをどれほど愛情深く世話していても，他の人たちと同じように，赤ちゃんなりの不幸を体験するという事実を生後数週間の間に知って親はショックを受けるかもしれません。赤ちゃんが泣くことは頭ではわかっていても，生まれたばかりの赤ちゃんが実際にむき出しで激しい感情をあらわにするのを目の当たりにするのには戸惑うものです。

　赤ちゃんは最初の数週間，安心感と安らぎを与えてくれる何か，「うち」にいるように感じられる何かを必死で探しているように思われます。つまり，新しい感覚と感触に満ちた，見知らぬ環境で，自分なりのやり方を手探りで見つけようとしているように思われます。赤ちゃんには，こうしたことを考える手立てがありませんし，毎日がまさに混沌とした印象や感情の連続です。何と言っても，小さな赤ちゃんは次に何が起きるのか予測することはできませんし，起きたばかりのことを記憶することもおぼつきません。そのため，赤ちゃんは突然のショックに驚くほど弱いのです。赤ちゃんがこの上なく満足しているように見えるのは，母親や父親の腕に抱かれた暖かく安全な中で，

お乳を飲み，世界はすばらしい場所だと感じているときでしょう。けれども赤ちゃんが，あたかも突然世界がばらばらになったかのような様子になるのは，おそらくはおっぱいが来ない時です。実際，赤ちゃんは，ある意味，本当におっぱいがまたやって来るかどうかを知りようがないのです。赤ちゃんは泣き叫び，こうしたひどい感情から解放されようとします。顔は赤くなり苦痛で歪みます。手足をバタバタさせ，それはまるで世界に対する怒りでいっぱいのようです。あるいは痛々しく切迫した感じで泣きじゃくり，親は胸が張り裂けそうな気持ちになります。赤ちゃんがひどく苦痛な状態に陥ると，私たちは赤ちゃんの苦痛を取り除くことができないことに無力感を感じます。

　しばしば親，特に母親は，赤ちゃんの苦痛のどんなサインも自分の責任だと感じ，苦痛をもたらしているものをすぐに取り除くことができないと，罪悪感を抱きます。生まれたばかりの赤ちゃんが泣くと，まるで自分の体が痛むように感じる親たちもいます。赤ちゃんをなだめられないまま，その泣き声に耐えるのは大変なことで，しまいには自分に腹を立てたり絶望的になったりしてしまうかもしれません。ものごとがうまく行かないと，赤ちゃんは私たちをパニックの表情で見ます。親にとっては，それはまるで自分が責められているかのように感じてしまいます。おそらくこうした経験は，親になるなかで誰しもが経験する必要があることなのでしょう。もし赤ちゃんが泣いても，親がこのように心配することがなければ，赤ちゃんは必要な注意と関心とを十分に得ることができないでしょう。こうしたことにうまく対処できるためには，生まれたばかりの赤ちゃんが伝えてくる苦痛に情緒的に巻き込まれながらも，落ち着いた見方をしっかりと持っておけることが大切になります。

母親と赤ちゃんがお互いにパニックになること

　生後2週間のジェームズは，母親のアンナがはじめて自宅で彼を沐浴させようとしたとき，なだめることができないほどの状態になりました。

助産師には，お乳がむせないように授乳の前にジェームズを沐浴させるとよい，と言われました。だから，お乳がむせていたわけではなかったはずです。でも，沐浴の仕度をしようとして下におろすと，彼はパニックのようになったのです。彼は授乳を期待していたのだと思います。それでお乳がもらえなかったときに，彼にとって世界はばらばらになってしまったのだと思います。

　ジェームズの苦悶がひどくなるにつれて，アンナ自身もパニックになり始めました。

　　服を脱がせた時，ジェームズは，まるで私が魔女にでもなったかのように，恐怖の目で見つめました。それによって私はひどい気持ちになったのです。彼は小さな腕を伸ばし，まるで崖から落ちそうになって，何かをつかもうとしているかのようでした。彼は必死の形相でしたが，私が何をやっても助けにはならないようでした。彼は指を口の中に押し込んで，激しく吸い続けました。それはまるでお乳がそこから出ると信じているかのようでした。お風呂に入れると，すっかり平静を失って泣きながら全身を震わせました。私は彼をなかなか抱っこできず，手は震え，泣きたい気持ちでした。最終的にお風呂からあげて，濡れた身体を乾かすと，彼は落ち着き，私は授乳しました。彼は伸びをして私の腕の中で眠り始めました。その時になって，ようやく私はほっとしたのです。

　これは，赤ちゃんが苦しんでいるのを見て，母親が情緒的に圧倒されてしまい，あたふたしてしまう例の一つです。母親がこのような状態にあると，ありふれたストレス状況であっても，それを赤ちゃんが乗り切ることができるように助けることが，難しくなります。赤ちゃんの恐れが，母親の恐れにもなっていくにつれて，母親の方では，罪悪感や不安が増してしまうのです。当然のことながら，それをなんとか抑えて，赤ちゃんに安心感を与えるように落ち着いて対処できるようになるまでが大変になるのです。
　ジェームズは，自分がばらばらになったように感じる状態を体験していたのではないかと思われます。生まれたばかりの赤ちゃんは，自己感がしっかりとできあがっていないので，とりわけそういった状態になりやすいので

す。おっぱいが欲しいのにやって来ないとき，ジェームズの心のバランスは深く揺さぶられたのでしょう。母親が服を脱がせると彼はますます不安になり，しまいには自分がばらばらになっていくのを恐れながら，心も体もコントロールすることができなくなったと感じたのでしょう。こうした体験を，ジェームズは，まるで身体に攻撃を受けているかのように，必死に手足を振り回すことによって表現したのでしょう。そして，彼には，自分がこの脅威を切り抜けることができるかどうかもわからなかったのです。彼は情緒的にも，自分の中にある良いものや，母親の中にある良いものとの結びつきを失ってしまい，同じような危機的な状態にいたのでしょう。彼はパニックの中で，何かしがみつくもの，母親の乳首か哺乳瓶の乳首を捜しました。乳首があれば，自分がまとまっていることを再び感じたり，自分の皮膚の中に安全に包まれているという感覚を回復することができたかもしれません。

　赤ちゃんの感情があまりに生々しいとき，赤ちゃんに代わって，親がその感情を受け止めて理解する必要があります。親は，赤ちゃんがどんな思いをしているかわかっているし，親も同じような気持ちを味わってさえいることを赤ちゃんに伝えるのです。けれども，親は，赤ちゃんの身になると同時に大人としての見方を保っていることも大切です。これはとても難しいことで，ほとんどの親は往々にして子どもの苦痛に巻き込まれてしまいます。別の母親ならば，あるいは同じ母親でもよりしっかりとした気分の時には，赤ちゃんが苦痛を表現しても，赤ちゃんと同じような感情や不安を持ってしまってしんどくなることなく，同情や悲しみを感じるのかもしれません。親がいつでもうまくできるわけではないのです。アンナが発見したように，母親と赤ちゃんが，うまくいかなかったことを挽回し，再びお互いを見つけ出し，ダメージを修復していくプロセスも必要なのです。と言うのは，こうした経験をしていくことで初めて親子はお互いをよく知っていくことができ，そのような悪い状態からも回復できるのだという深い信頼が育まれていくからです。このひどい出来事の後，アンナはジェームズと一緒に入浴することにしました。すると二人とも穏やかに入浴の時間を楽しめるようになったのです。

親の気分が赤ちゃんにどのように影響するか

　生まれた直後から，赤ちゃんは親の心の状態にとても敏感です。親が落ち着いていると赤ちゃんは安心し，誰かが不安な状態で赤ちゃんを抱くと動揺します。こうしたことを知っていると，赤ちゃんが不機嫌なときに何が原因なのかを見つけ出す手がかりとなります。赤ちゃんがすぐ泣いてむずかるので途方に暮れているときに，誰か他の人がその赤ちゃんを抱いた途端に穏やかになり満足したというようなことは，私たちの多くが経験することです。そのことで，私たちの子育て能力が問われているようにも思われることでしょう。けれども，何もかも手に負えなくなったときは，どんな母親と赤ちゃんでも互いに相手にイライラするようになってしまい，しばらくお互いに少し離れていることが必要なこともあります。時が経てば，母親，父親，祖父母と赤ちゃんは段々とお互いの性格をよりよく知っていき，お互いの間で時に生じる難しさを乗り越えるやり方を見つけ出していくものです。

　しかしながら，赤ちゃんの不機嫌な様子に親が責任を感じて，自分たちに原因があると考えると，罪の意識が高まり続けてしまうことになります。自分を責めることは助けになりません。それは私たちの不安を高めることになってしまい，親子双方にとって物事はもっと難しくなります。赤ちゃんへの自分たちの影響を全く考えないわけではなく，かといって赤ちゃんの感情が揺らげばそれはすべて自分たちのせいに違いないと思うわけではない，バランスの取れた態度が望ましいのでしょう。私たちは，赤ちゃんが私たちの気持ちに反応するだけでなく，赤ちゃんの気持ちに私たちが反応する部分もあることを忘れずに，それぞれの嵐を乗り切らなくてはなりません。すべての親には限界と問題があることは言うまでもありません。「完璧」な親がいたとしても，赤ちゃんは喜びをあまり感じることはないでしょう。他の人間関係のように，赤ちゃんと親との関係は，成功や失敗を繰り返しながら豊かになっていくのです。

赤ちゃんの気分が親にどのように影響するか

　赤ちゃんは，それぞれ強い個性を持った，小さいけれどパワフルな生き物です。ですから，赤ちゃんの強い情緒は，世話をする人たちに強い影響を与えます。

　赤ちゃんが経験する情緒は，極端から極端に変わりやすいのですが，それは，赤ちゃんの傍にいる母親も同じように不安定なところがあります。初めて親になった人の場合，自分が見知らぬ恐ろしい世界に来てしまったように感じることが，しばしばあります。この新しい世界で迷子にならないために，親はとてつもない速さで自分なりのやり方を編み出していかなければならないのです。赤ちゃんは荒れ狂う感情を持ち込んできます。赤ちゃんは強烈な恐怖を表現するので，親は，方向感覚を全くなくしてしまったと感じることがあります。

　私たちは親になると，子どものときに自分自身の親に対して感じていたような強い感情が，再び強烈に蘇ってくるのに驚きます。自分たちが赤ちゃんだった時に，親がどんな思いをしてきたのかがよくわかって，自分自身の親への思いを新たにするかもしれません。自分が，親に対してとても批判的で，いろいろなことを親とは違うふうにやろうと誓っていることに，気づくかもしれません。自分の赤ちゃんが，自分が赤ちゃんだった時よりもよい世話を受けていると感じる親もいます。こうした場合，親は，安心するだけでなく悲しくもなるものです。新しく母親になった人たちの多くが，ホームシックにかかったり，自分の子ども時代や母親や父親を思い焦がれたり，突然，孤独を感じたりするようです。そして，そのためにとりわけ感じやすく傷つきやすくなるようです。父親も同じで，自分の子ども時代に心を悩まされていた事柄が急に蘇ってきて，不安や強い感情の高まりが引き起こされることがあります。

　マットは初めて父親になった時，自分が思いもよらず激しく取り乱しているのに気づきました。

私は自分の父親を知らないのです。なのに突然，トーマスの父親になったのです。トーマスが生後2週間目のある日，食後の洗い物をしていると突然涙があふれてきました。私は大人になるまで父親がいなくて淋しいと思ったことはありませんでしたが，そのときは，急に父親のことを恋しく思ったのです。

自分の赤ちゃんが生まれて来ることで，マットは，自分が小さい頃から感じられなかった自分自身の父親への感情を，初めて感じられるようになったのです。

生まれたばかりの赤ちゃんの情緒的な要求に対処するだけではなく，このような経験にも対処しなければいけないのは，難しいことにちがいありません。しかし，自分自身の子ども時代の感情を思い出していくことは，子育てをする中でいや応なしに経験することであるだけでなく，赤ちゃんに共感し，赤ちゃんのむき出しの感情や要求に触れ続けるためには，有利な状態であるとも言えるのです。私たち親は，こうした経験をすることで，赤ちゃんの気持ちがわかるようになり，赤ちゃんが必要とする慰めと安心を与えることができるようになるのです。

赤ちゃんの依存を受け止めること

親になりたての人たちは，赤ちゃんが泣いたり，眠れなかったり，腹痛を起こしたりして，親に頼りきっている状態は，決して終わることがないのではないかと，よく思ってしまうものです。時がたてば，赤ちゃんは自分で気持ちをすぐに立て直すことができるようになり，以前よりも欲求不満に耐えることができるようになり，いろいろなことがより容易になることがわかります。けれども，生まれたばかりの赤ちゃん，そして初めて親になった人たちは，そのような時期が永遠には続くわけではないことがわからないのです。親は，赤ちゃんを甘やかしすぎているのではないかと不安になるものです。たとえば，小さな赤ちゃんを親のベッドで眠らせてあげたり，欲しがるたびに授乳をしたり，おしゃぶりを与えたり，泣くたびに抱いてあげたり，母乳

やミルクを飲みながら眠るのをそのままにしてあげたりしていると，赤ちゃんを甘やかしすぎて，いつまでも赤ちゃんが甘えたままになってしまうのではないかと，親は不安に思うものです。初めて親になった人たちはしばしば，子どもを甘やかしておくのは，「自ら苦労の種を蒔いているようなものだ」と言われたり，赤ちゃんを「甘やかす」と後でそれを後悔することになると忠告されたりします。

　マリアは生後2週間の赤ちゃんのエラを母乳で育てていました。

　　　皆が，私に「欲しがるときに授乳（フィード・オン・ディマンド）」するように言ってきたんです。でも，どういうつもりでそう言っているのか，わかりませんでした。第一，エラに誰も会ったことがないのですから！　授乳のたびに1時間あまりかかるので，私は何もできませんでした。授乳を中断するたびに，エラは動揺してお乳をもっと欲しがったんです。私にはエラがいつもお腹をすかせているとは思えなかったので，家中を歩き回ったり，エラを上下に揺すったり，エラを抱っこしなくて済むために思いつく限りのことをやってみたんです。結局，私はいらいらしてしまい，時には音楽の音量を上げて，エラのしつこい泣き声をかき消そうとしました。

　多くの母親のように，マリアは，生まれたばかりの赤ちゃんの要求が際限なく続くかのように思えて怖れ，その苦痛に耐えられない時に，スイッチを切ってしまったように無関心になっていました。マリアがこのことを助産師に話すと，別のやり方があることをアドバイスしてくれました。

　　　助産師は親切な女性でした。彼女がエラのことについて，とても優しく話していたのを覚えています。彼女はエラのことを，とても小さくて恐がりだと言いました。そして，できるだけ長くおっぱいに吸い付いていたいのはエラにとっては自然なことだから，それを止めさせようとしなくてもよいと思うと言いました。私はエラのことを小さいとは全く思っていなかったので，それにはちょっと驚きました。特にエラが，頭がおかしくなるくらい叫ぶ時には，とても大きく思えていましたから。助産師の目を通してエラを見ると，「あら，この子は私よりもずっと怖がっているのだわ！」と思いました。そう

思えた後，私はエラの要求に屈していると思うのを止めて，もっと頻繁におっぱいを与えるようになりました。それで本当にほっとしたのです。エラはいっそう幸せな気持ちになったようでしたし，その後はいろいろなことがうまく行きました。

マリアは，娘の要求がとても大きく，飽くことを知らないように感じてしまっていたので，その要求を和らげるために自分にもできることはあるという楽観的な気持ちを失ってしまっていたようでした。おそらくそのために，マリアは心のスイッチを切ってしまい，エラがか弱い小さな赤ちゃんであるという事実に目を向けなくなってしまっていたのでしょう。この種の不安はたいてい，生まれたばかりの赤ちゃんの要求は際限がないもので，決して変わらないのだという信念がその原因になっています。これは真実ではありません。赤ちゃんはそう信じているかもしれませんし，また本当にそう思っているために，時に私たち親もそう信じ込まされます。けれども，私たち親が，自分たちの冷静な見方をなんとか維持し続けていくことが大切なのです。親がそうすることで，赤ちゃんが，実際は自分の思い込みとは異なるのだということを学んでいくのを手助けできるのです。

マリアがやってみたように，生後1，2週間の赤ちゃんの世界がどんな感じか想像してみましょう。すると，赤ちゃんはすっかり途方に暮れて当惑しているのではないか，と想像できます。そして，赤ちゃんにとっては，安心感を得ること以上によいものはないのではないか，と思えます。エラのように，生まれたばかりの赤ちゃんが，快適さのおかげかお乳のおかげかはわかりませんが，おっぱいを吸うことによって最も安心を得るのならば，世界は安全な場所で，必要な時には安心が得られる，ということを赤ちゃんが感じ取ることができるようになるまで，そうさせておくのがよいでしょう。こうした経験が十分にできると，赤ちゃんは，自分の内側が強くなったように感じ，自分自身であることに心地よく感じるようになっていきます。そして世界が再び悪くなって，ひどい感情が襲ってきた時にも，うまく対処できることができるようになっていくのです。

赤ちゃんの気持ちを想像し続けることは難しいことですが，それでも，赤ちゃんが小さくてか弱い存在であるという視点を持ち続けて，忘れないことは大切です。赤ちゃんが最も無力だと感じた時に，親がその切迫した要求に応えることを続けていくと，赤ちゃんは日常のちょっとした変化を少しずつ楽しめるようになり，多少の欲求不満には対処することができるようになります。こうしたことが続いていく中で，赤ちゃんの中にある対処する力がもっと豊かになってくるのです。そうなると，赤ちゃんは，おっぱいを初め，それまで安心の源であった多くのものをもはや必要としないようになっていきます。このとき初めて私たち親は，こうしたものから，赤ちゃんを卒業させていくことを考え始めるのです。

　先ほどのマリアの場合，エラは数週間やはり授乳を求め続けましたが，その後は授乳と授乳の間にひどくむずかることはなくなり，ほかに安心できるやり方や楽しみを見つけ始めました。授乳が永遠に続くのではないかという恐れは，マリアにとって，過去のものとなったのでした。

欲求不満に耐えること

　他の赤ちゃんよりも早くから，少しだけ多くの欲求不満に耐えることができる赤ちゃんがいることは確かです。それは，赤ちゃんが苦痛や不安に苦しんでいるのを目の当たりにすることにどのくらい耐えることができるかが，親によって違うのと同じことです。先に見てきたように，そろそろ少し規則正しく授乳するようにした方がいいとか，親から少し離れて寝させるようにするのがいいとか，少しくらい泣いても放っておいて自分で寝るようにしておくようにするのがよいといった判断は，自動的にできることではありません。それぞれの親や赤ちゃんが，試行錯誤をする必要があります。試行錯誤をしていくことは，赤ちゃんを少しずつ知り，赤ちゃんは何ができて何には対処できないのかを知っていくプロセスの一部なのです。親は，次の段階へと赤ちゃんが移行するのを優しく手助けするという課題に徐々に直面します。生後数週間の赤ちゃんは，たいていほんのわずかずつの欲求不満しか耐える

ことができません。そして赤ちゃんは，親が赤ちゃんのこうした無力感に持ち堪えることができる，と感じる必要があるのです。親は，こうした赤ちゃんの欲求不満は永久には続かないということを忘れないでいる必要があります。それは，赤ちゃんのためだけでなく，親自身のためにもなることなのです。

愛　情

　親の中には，赤ちゃんへの愛情をすぐに感じる人もいます。中には愛情を全く感じられず，妙に距離を感じてしまうことにショックを受ける親もいます。誇らしさでいっぱいになるのと同じように，自信を失ったりがっかりしたりするのは，よくあることです。ダニーが父親になるのは2度目です。彼は，幼い娘に対して湧き上がってくる優しさと保護の気持ちについて話しましたが，それを愛情とは呼ぼうとしませんでした。

> 娘に対して強い感情を抱いていることはわかっていました。それは，娘に関する細々としたことが私の世界のすべてになっているような感じだったんです。でも，まだよく知らない相手を愛するなんてできっこありません。

　赤ちゃんの人生のこの時期に，親がしばしば感じるのは，小さな赤ちゃんは「お返しをあまりしてくれない」ということです。親は，赤ちゃんが初めて微笑んでくれるまで，何週間も絶え間なく献身的に世話し，自己犠牲を払い，注意深く見守ります。でも親が一番報われたと感じるのは，赤ちゃんのために最も必要なものを与えているのは自分たちであると感じ，さらに赤ちゃんが世界の中で幸せそうにくつろぎ始めていると感じるときなのです。
　親には赤ちゃんの世界観が殺伐として見えることがあるようです。赤ちゃんは，ある時には親こそが世界中で最も良いものであるかのように親を見つめますが，次の瞬間には怪物に変わったかのように親を見たりします。この時期，赤ちゃんには，自分の心の中で起きていることと，身体の中で起きて

いることの違いがわかりません。一つの例が腹痛です。大人は，差し込むようなお腹の痛みは，身体的な病気のために生じるというだけでなく，不安や怖れによっても生じることを知っていますが，赤ちゃんにとっては，これらは同じものなのです。お腹の痛みはつらく，不安を引き起こします。これは不安が，お腹の痛みを引き起こすのと同じです。赤ちゃんには，それぞれを区別する術が全くありません。苦しんでいる時には，身体的な慰めも情緒的な慰めも必要です。

同じように，赤ちゃんは，どこまでが自分でどこからが自分でない他者か，を識別できないようにみえます。赤ちゃんにとっては，「お母さん」や「お父さん」は，特定の匂い，音，あるいは感触のかたまりを意味しているだけなのかもしれません。そう考えると，生まれて数週間の赤ちゃんが，私たち親をまるで恐ろしいものでも見るように見ることがあるのも当然かもしれないのです。赤ちゃんは，空腹や苦痛や欲求不満に打ちのめされると，自分の世界が突然ばらばらになったのは私たち親のせいだと思ってしまっているかもしれないのです。世界がまるごと悪くなっている時に，赤ちゃんは，私たちがよい親である時もあることを思い出したり，またよくなるだろうと想像することができません。同じように，すっかり満足している時には，満足な授乳の間にお母さんを見つめたり，そっと揺らされながらお父さんの肩の上で半分眠ったりして，赤ちゃんにとって世界がこの上なく幸福で完全に素晴らしい場所になったかに見えます。そのとき私たちは完全に良い人物となり，以前の罪が帳消しとなるのです。

赤ちゃんは強い感情を持っていますが，私たちが理解しているような「愛」とか「憎しみ」を感じることはできないようです。赤ちゃんは，いろいろなことがうまくいっているときには何もかもが「すばらしい」という感情だけになり，うまくいっていないときには「憎々しい」という感情だけになってしまうようです。つまり，たいへん大まかに感情を経験しているのです。この時期の赤ちゃんに一番大事なのは，生きていく中で出会うさまざまな困難を切り抜けることができるようになることです。これができるようになって初めて，複雑な人間的感情が育まれていく余地ができてきます。おそ

らく赤ちゃんを世話する人たちにとっても，赤ちゃんとの新しい関係は，極端な感情と感情の間をジェットコースターで駆け抜けているみたいなものだ，と感じられることでしょう。のちに赤ちゃんが世界に開かれていき，他の人々の世界を探索し始め，私たちのことを現実の人間として見ることができるようになると，私たちは赤ちゃんとより情緒的な深みを持った関係を持っていると実感するようになります。

母親の気分の落ち込みと赤ちゃんへの否定的な気持ち

　母親になったばかりの人は傷つきやすく，特に赤ちゃんが生まれて数週間は，圧倒され無防備に感じる傾向がある，ということをここまで少し話してきました。初めての赤ちゃんを産んだ後の大きな喪失感について，ジョーは話しました。それはあたかも亡くなった人を悼むような感じでした。

　　　私は自分が何を失ったのかわかりませんでした。おそらくそれは，お腹の中に赤ちゃんがいるということだったんだと思います。でも，私は泣き止むことができず，しばらくの間は，ひとりぼっちで惨めだと感じていました。私は，自分自身がもう一度赤ちゃんになれるのなら，なんでもするという思いでした。そうしたら，自分以外の人のことを考えなくてもすむし，ずっと抱かれてお世話されていればいいし。

　初めての赤ちゃんを産んだ後は，おそらくすべての母親が，沈んだり，ふさぎこんだ気持ちになる時期があるでしょう。大抵の場合，こうした状態に取って代わって興奮や幸せな気持ちが起こって来ますが，落ち込んだ状態が長引いたり，心配な気持ちが続いたりすることもあります。多くの母親は産後うつ病を恐れていて，常に「幸せでいる」ように自分にプレッシャーをかけたりします。しかし，この時期に気持ちが揺れ動くのは普通のことですし，とても惨めで，淋しくて，気分が落ち込むのを避けることができる母親は多くありません。ですから，このこと自体が赤ちゃんの害になることはないでしょう。こうした気分の落ち込みは，母親だけでなく赤ちゃんにとっても楽

なことではないでしょうが，感情的になったり，ちょっと傷つきやすくなることは，うつ病であることと同じではありません。母親がさまざまな強烈な感情に出会うのは当然のことです。母親は，赤ちゃんが生まれることで自分自身の中にある乳児的な感情を掻きたてられますし，育児に伴ってライフスタイルやアイデンティティーが変わってしまうことに気持ちを持っていかなければなりません。とりわけ母親は，赤ちゃんが経験していく極端に揺れ動く心の状態に共感して，安心と理解を与えることが期待されているのです。

　こうしたなかで，母親の心の中に赤ちゃんへの否定的な気持ちが出てくることは，驚くことではありません。ハンナは，生まれたばかりの息子に苦しめられていると感じていました。

　　息子が生まれた時はとても幸せでしたが，息子に腹を立てずにはいられない時もありました。最初の2，3週間，息子は腹痛のために泣いてばかりいたんです。時々私は，「あなたは私が持っているものをみんな取り上げているのよ！　私はどうなるの？」と思ったものです。私の乳首は裂けて出血していたので，授乳のたびに恐怖を感じました。そして，一晩ぐっすりと眠れるならば，すべてを与えてもよいと思っていました。ある日のことです。その日も息子は泣き続けていました。私はあらゆることを試みましたが，息子は泣き止みませんでした。私は突然，息子を階段の下に投げてしまいたいという強い衝動に駆られました。つまり，息子が永遠に泣き続けるのを止めることができるならどんなことでもする，という強い衝動に駆られたのです。それが続いたのは数秒でしたが，とても強い衝動でした。その後に，私は泣き出したんです。私はとても息子のことが心配になり，「ごめんなさい，あなたをとても愛しているのよ」と言いながら，息子をこの手に抱っこしてあげずにいられなくなったのです。

　母親にとって，また父親にとっても，時にこのように感じることは珍しくありません。私たちがとても好きな子守唄の一つでさえも，赤ちゃんがこずえから落ちるという節があります[訳注1]。こうした気持ちを心の中にしまっている

訳注1）マザーグースの歌に「ねんねんころりよ　こずえの上で／風が吹いたら　揺れるのよ／枝が折れたら　落ちるのよ／その時あなたも　揺りかごも／みんなそろって落ちるのよ」という節がある。

と，孤独で怖く感じますが，そういった感情をひとたび認めるようになると，それらはそれほど強いものではなくなっていきます。たとえ人に話すのが嫌だとしても，自分自身に正直になり，とても愛情に満ちた親でさえも時々そういう気持ちになることを受け入れるのがよいでしょう。私たち親は，生まれて間もない赤ちゃんの無力さに自分自身も圧倒され，無力に感じ耐えられなくなりがちです。特に，泣いたりぐずったりばかりしている赤ちゃんをどうしたら機嫌よくすることができるのかわからなくなり途方に暮れてしまっている時など，そうなのです。このようなとき，私たちの心の中に怒りや恨みの気持ちが激しく起こってくるときがありますが，それは，自分が子育ての情緒的負担に押しつぶされていて，しばらくの間赤ちゃんから離れていることが必要だというサインかもしれません。そして理想を言えば，自分自身のことをケアしてあげる必要があります。母親が，自分自身のニーズがケアされていると感じていると，赤ちゃんへの愛情を再発見しやすくなるものです。

　もちろん，母親の抱くこうした否定的な気持ちが心配な程度になることもあります。母親の周りの人は，母親が本当に赤ちゃんに危害を与えてしまいそうだと感じた場合，すぐにでもそうした心配を他の人や相談機関などと共有し，必要なサポートを母親が得ることができるように努めるべきでしょう。しかし，たとえあなたがこのように赤ちゃんに対して時に激しい攻撃的な衝動を感じることがあっても，あなたの赤ちゃんへの愛情は変わらないままにあることを忘れてはいけません。ある感情を持つということはそれを実際に行動に移すことと同じではないのです。ハンナの話が示すように，赤ちゃんとの関係，あるいは他の密接な人間関係においてであっても，自分たちの否定的な気持ちを深く味わってもよいと感じられると，そのことが，肯定的な気持ちや愛する気持ちが実際にはどれほど強いかということを，正確に評価する助けになります。

生後6週間に訪れる発達上の節目

　生後6週間の終わりには，全く無力だった生まれたばかりの赤ちゃんは，

大抵の場合，よりしっかりとして，周りの状況にもっと気づくようになり，よりリラックスして，世界から与えられたものを楽しむことができるようになっています。最初の本当の微笑みは，多くの親にとっては高揚と誇りを感じる瞬間です。サムは次のように思い出しています。

> 私が覚えているのは，幸せではちきれそうだったということです。私が息子に笑いかけると息子は急に私に微笑みました。人生の中でそんな純粋な喜びと興奮とを感じたことはなかったと思います。私は，ただただわくわくしていました。それはまるで恋に落ちたようでした。

ごくまれに，最初の6週間が穏やかで幸福感に満ちた時期となる親もいます。けれども多くの親にとっては，この時期は夢中になることと不安とが，めまぐるしく変わる時期です。6週間の終わりまでには，ほとんどの母親は，思い切って新しいことをやってみる準備が以前よりは少しできていると感じます。ガウンを着て一日中過ごすことはもうなく，おそらく保健師や他の母親たちに会うために出かけ始めます。混沌としていた状況が次第に秩序立ったものに変わり始めます。親は赤ちゃんの気分や好み，むずかりがちな時間帯や好きな活動などについてより自信を持って話すことができます。

赤ちゃんの首が少しすわり始めて，自分を主に世話してくれる人を実際に認識し始め，乳房とか哺乳瓶とか馴染みのある声などに自発的に顔を向けることができるようになり，意味がわかり始めたかのように音をじっと聞いたり，景色をじっと見たりすることが出来始めます。また，授乳の時間がわかり始めて，お乳を飲むことだけでなくそれを与えてくれている人との関わりを楽しむようになります。それはまるでそれらが自分のものであるとか，自分が世界に属しているということをわかっているかのようです。一方，親の方では，成長している赤ちゃんを理解し愛していく喜びや興奮の経験，そして赤ちゃんから理解されたり愛されたりする喜びや興奮の経験が本当に始まるのです。

第3章
生後3カ月から6カ月

新しい能力と新しい感情

　赤ちゃんの発達において次に大切な時期は3カ月目です。この頃から赤ちゃんはより自分自身をコントロールできていると感じ始めます。赤ちゃんは自分の身体をさらに味わうようになり，自分の手足を発見し，手を伸ばして物に触れたり持ったりし，音を立てたり顔の表情を作ってみたりします。生後数週間，赤ちゃんは，ほとんど口や目で物と関わりました。気持ちが乱れると，電灯やおもちゃや誰かの視線といったものを目で捉えたり，物を口にくわえたり吸ったりすることによって，自分を安心させたのです。ひとたび赤ちゃんが手で何かをつかむことができるようになると，世界は新しい意味を持ち始めます。もっとも，いろいろなものをすぐに口に持っていくのは続きます。それは，赤ちゃんがものをちゃんと調べるには口に入れてみないといけないかのようです。きれいなおもちゃを見せられたり，やさしい顔を見せられると，生後3カ月の赤ちゃんは，手を伸ばす前に，よだれを垂らして強い興味をみせることがよくあります。

　生後3カ月から，赤ちゃんはしっかりして，まとまりが感じられるようになってきます。欲求が満たされるかどうかに，なすすべもなく翻弄されることはもうなく，世界を探索する準備ができています。冗談，遊び，やりとりなどはみな，この時期には可能になります。この時期に，赤ちゃんがあなた

に微笑むのには，全く新しい意味があります。赤ちゃんは一人の人間になってきていますし，あなたも赤ちゃんにとって一人の人になっています。赤ちゃんはこの世界でくつろぎ，馴染みある信頼できる経験を楽しみ始めます。そうした経験こそが赤ちゃんの人生の基盤を形作っていくのです。このように一人の人が人として形作られていくのに立ち会うのはすばらしいことです。

授乳：ミルクとミルクに伴うもの

母親の中には，この時期に母乳から人工乳へと切り替える人たちもいます。おそらくは仕事に復帰したり，少しばかり自由が欲しかったり，母乳での授乳を楽しんでいなかったり，という理由からでしょう。他方，赤ちゃんと母親の両方が，自信を持ちリラックスできるようになり，母乳での授乳が以前より楽しくなる母親もいます。この時期，哺乳瓶で授乳している母親たちは，赤ちゃんが一つのリズムに落ち着いていっていることに，たいてい気づきます。そのため，授乳はより計画通りに進めやすくなり，いっそう楽しめるものとなっています。この時期，多くの場合，赤ちゃんの体重が十分増えてきているかとか，空気を飲み込み過ぎていないかなどの，授乳に伴う不安は薄まります。

さまざまなパーソナリティ

赤ちゃんの個々の気質やパーソナリティは，食べ物や授乳に対する態度に，最も生き生きと現れます。授乳関係は，将来のあらゆる関係の基盤と見ることができるでしょう。授乳は，赤ちゃんが他の人から何か（たとえば食べ物，愛，安心といったもの）を取り入れる，最初の経験です。それはまた，どこまでが自分でどこからが母親かということを理解しようとし始める舞台となります。その中で赤ちゃんは，与える者と受けとる者という二人の別々の人間がいるということの意味を探索していきます。

生後3カ月のシボーンは，おっぱいが欲しいということをしっかりと母親

に伝えていました。シボーンは母親のおっぱいをしきりに探し，とても情熱的に吸いつきました。シボーンは断固とした表情でおっぱいに集中し，お乳が出始めると目を閉じて熱心に飲んでいました。

　　　シボーンはいつも何が自分のもので，何をする権利が自分にあるのかをわかっていました。彼女が，まるで食通の客がするように手の中指と親指をくっつけて突き出したので，私はクスッと笑ってしまいました。私はいつも彼女がこんなふうに言っているのだと思っていました。「みんなちょっと黙っていてよ。私は今お乳を飲んでいるのよ！」そして授乳が終わると，彼女は全身で伸びをして，両腕を頭の上に挙げ，目を閉じ，すっかり満足していました。

　シボーンは，おっぱいとお乳は自分のものだと主張し，授乳からどうやって最大限の楽しみと満足を得ることができるのかがわかっている赤ちゃんでした。これは母親にとっても大きな喜びを与えてくれるものでした。幸いなことに，母親は参加者というよりも観察者の役割を与えられているということを気にしませんでした。シボーンは，おっぱいとお乳は自分のものだし，自分だけのものだ，というような空想を楽しむことができ，幸福感に満ちた世界でシボーンが夢中になっている間は，彼女の母親さえも存在しなくなりました。

　他の赤ちゃんにとっては，授乳がギブ・アンド・テイクの機会となるのは明らかです。そして赤ちゃんは，母親が経験を共有しているという事実を楽しんでいます。クレアは初期の頃から母乳と人工乳との混合で授乳され，授乳の際には，母親を愛情と信頼のまなざしで見つめていました。

　　　授乳すると，クレアは飲み始めるまで少しの間，私にただ微笑んでいるということが時々ありました。授乳中にはいつも，私の目をじっと見つめます。それは，まるで「ありがとう」と言っているかのようでした。後で，授乳中に私が他の子とおしゃべりし始めたりテレビを見始めたりすると，クレアは飲むのをやめて，私が再び注意を向けるまで待っていました。

哺乳をしている赤ちゃんが，母親を熱愛する情熱的な小さな恋人に見えることもあります。哺乳の前におっぱいを見て興奮して自分の顔をバンバン叩く生後3カ月の赤ちゃんのように，この時期の赤ちゃんの振る舞いはとてもコミカルに見えるときもあります。専制的で所有欲の強い赤ちゃんもいれば，ためらいがちで注意の散りやすい赤ちゃんもいます。この時期でも，授乳は，依然として赤ちゃんの経験のなかで最も重要な出来事です。授乳関係を通じて，赤ちゃんはお乳だけでなく，生きていくことそのものを取り入れます。授乳には，お乳だけでない豊かな情緒経験が伴われており，それを赤ちゃんは取り入れていくのです。赤ちゃんは，授乳関係の親密さを通じて，世界が何を与えてくれるかとか，他の人と親密に関わるということがどういうことなのかを知っていくのです。

おっぱいを拒否する赤ちゃん

もちろん，この月齢での授乳にはまだ不安がつきまといます。喜んで母乳を飲んでいた赤ちゃんが，この時期に突然おっぱいから顔を背けることがあります。これは母親にとって，ひどくがっかりすることです。カーラの息子のベンは，最初の3カ月はよく母乳を飲んでいましたが，あるときから突然，おっぱいを差し出すと急に顔を背けて泣き出すようになりました。

> ベンは乳首を見るとすぐに泣き出しました。嫌そうな顔をして，おっぱいが欲しくなさそうでした。私が授乳をしようとする度に，顔を背けました。それはとても辛いことでした。ベンとの関係は難しい時期を迎えていました。私はかなり落ち込み，いつもいつも同じことを考えました。ベンは，私の中に以前とは違う，何か嫌なものがあることが気になって，もう私に近づきたいとは思わなくなったんだろう，と。

母乳での授乳は，赤ちゃんとの関係の中でも親密なものなので，赤ちゃんにお乳を拒否されると，母親は，拒絶されているのは自分なのだと感じることがあります。特に他の理由もあって，母親が傷つきやすくなっている場合

にはなおさらです。母親が自信を取り戻すのが難しい場合もあります。ベンにとって何が具合が悪かったのかは，推測できるだけです。体の調子が悪くて，お乳を飲みたいと思わなかったのが発端かもしれません。あるいは，母親がいつもと違う気分だということに気づいて，うろたえて顔をそむけたのかもしれません。さらに，ベンは難しい時期に差し掛かっていて，人生がすべて悪いと感じられて，そのために母親がすべて悪いと感じたという可能性もあります。生後3カ月の赤ちゃんにとって，「人生」と「母親」を区別することは簡単ではないのです。これらの要因のどれもが，ベンが授乳から顔をそむける要因になり得ます。そのため，不安や怒りを感じることになり，自分が恐ろしい気持ちになった原因と思われるものを，拒絶する必要があったのでしょう。

　赤ちゃんは，たとえ私たち親が最善を尽くしているつもりであっても，私たちのことを「悪者」と見ることがあるわけですが，これはしばしばとても認めがたいことです。これは私たちが親として直面する多くの課題の中で最も難しいことの一つで，それにどのくらいうまく持ちこたえることができるかは，その時に自分がどのくらいしっかりとした気持ちを持っているかによります。

　何がベンの授乳の問題を引き起こしていたとしても，それに対して母親のカーラが罪の意識や責任感を強めれば強めるほど，お互いが相手に対するイライラした気持ちを解きほぐして，より良好な授乳関係を取り戻していくことが難しくなります。1，2週間後，ベンの授乳を，哺乳瓶で補い始めた頃，カーラは友人に困っていることを打ち明けました。そして自分の不安について話したことで，とてもほっとしました。

　　　私は，ほとんどあきらめかけていました。ちょっとパニックになっていました。多分，ベンと私の二人ともが怖れていたのだと思います。話した相手が，それを取り返しのつかない事態だとは思わない人だったのが，私にとってはよかったのです。

カーラとベンにとって、二人の関係の外にいる人からの励ましが、問題を解決するのに非常に役立ちました。ベンがおっぱいを拒否している間の2,3日、カーラは搾乳した母乳を与えましたが、以前ほど拒否されているとは感じませんでした。そして、ベンはすぐに彼女のお乳を欲しがるようになりました。もし、ベンが母親のおっぱいから顔をそむけることで、何らかの怒りや欲求不満を伝えようとしていたとすれば、母親がそのような感情を向けられることにひるまずに、やがてはベンが機嫌を直すことを疑わずに、母乳を与え続けることができたことで、ベンは安心したに違いありません。

離乳食の導入

ここまで、赤ちゃんのパーソナリティが、母乳や哺乳瓶での授乳との関係の中で、どのように発達し、現れてくるのかを見てきました。次の大きなステップは、初めて離乳食を試すことです。そこでは実にさまざまな新しい感情や反応が働き始めます。このプロセスが始まる前でさえも、いつ離乳食を始めるかという問いは何度も検討されていますし、それは悩ましい問題となります。生後6カ月を目安として、その前に離乳食に踏み切るのか、あるいはその後にするのか、と親が頭を悩ませることはよくあります。それは、赤ちゃんの体の準備が整うのがいつなのかという問題だけではなく、赤ちゃんの情緒的な準備が整うのはいつなのかという問題と、明らかに関わっています。母親の気持ちの準備が整うのがいつかということも問題なのは、言うまでもありません。

離乳に対するさまざまな不安が、どんな離乳食を与えればよいのか、という心配となって現れることがあります。あるいは、衛生面や一口ごとの原料の詳細についての強い懸念となって、現れてくることがあります。赤ちゃんが必要とする唯一の栄養源だったお乳を止めることは、この世界に満ちているのが消化しやすいものなのか有害なものなのか、という不安を掻き立てます。言うならば、お母さんから離れても本当に大丈夫なのか、という不安が掻き立てられるのです。

赤ちゃんの生活におけるすべての新しい発達と同じように，離乳は喜びと喪失をもたらします。「離乳」には，「(新しいものに) 慣れていくこと」と「(古いものから) 離れていくことを促進する」という両方の意味があります。この二重の意味に，離乳食を始めることで得るものと失うものがはっきり示されています。新しいことを試みることは，以前の関係を手放すことを意味し，成長と別れについての強い感情をかき立てます。そして，親も何かをあきらめなくてはなりません。赤ちゃんはもはや，乳飲み児ではなく，抱き寄せておっぱいをあげる存在ではないのです。赤ちゃんは，膝の上や椅子の上など，少し離れたところから食べ物をもらうくらいに育っています。それは赤ちゃんに関わる者すべてにとって大きな変化なのです。

けれども，それはわくわくする時でもあります。たとえば，それまで赤ちゃんが母親のおっぱいを飲んでいたのなら，離乳食の開始は，父親やきょうだいにとって赤ちゃんに食事を与える最初の機会にもなるかもしれません。ハリーは3番目の子どもです。彼の兄たちはハリーが初めて離乳食を食べるのを待ちきれませんでした。

> わが家では，ハリーがはじめて赤ちゃん用のお米を食べるとき，お祝いをしました。急にみんながハリーに食べさせたがりました。ハリーの兄たちは，どっちがスプーンを持つかで言い争いになりました。彼らは，ハリーが自分たちみたいに大きくなったと思って喜んでいました。もうお母さんにべったりの子どもではなくなったと感じたようです。私はちょっと悲しく感じました。ハリーはもう私の赤ちゃんではなく，以前と同じようにはできません。彼はどんどん成長しているのです。

赤ちゃんたちもまた，離乳食という，この奇妙で新しい世界にさまざまな反応をします。たとえば，モリーはおいしそうに離乳食を食べ，いきなりスプーンを握って，できるだけたくさん食べようとしました。それはまるで，離乳食が始まるのをずっと待っていたかのようでした。唯一難しかったのは，スプーンを口に持って行くたびに，スプーンが見えなくなってしまうことでした。このことに彼女はすっかり当惑して，激怒しました。

でもハリーは，兄たちがハリーが大きくなることを切望していたにもかかわらず，あまりそう思ってはいなかったみたいです。

> 離乳食を初めて食べたとき，ハリーは，あんたたち頭がおかしいんじゃないか，というような顔をして，私たちのことを見ました。奇妙などろどろした物が突然口の中を満たしたことに対して，まるでそれがこの世のものではないというふうに反応をしました。そのほとんどはすぐ吐き出されました。そのときのハリーの当惑した顔を，私は忘れることはないでしょう。それは「こんなもの，僕が注文したものじゃない！」と言いたげな表情でした。長い間，ハリーは離乳食に困惑し続けていました。

新しいやり方で何かをするのに慣れて，新しい味や歯ごたえに興味を持ち始めるまでに，ちょっとした励ましが必要な赤ちゃんもいます。母親と同じように，ハリーも何かが失われたことに気づいていたのでしょう。そうした感情にはいくらか時間が必要で，後になってその良さがわかり始めてくるのです。

新しいことに挑戦する場合はいつもそうですが，すべての意味をすぐに消化し吸収していくことは難しいことです。成長し，進歩することへの対処の仕方は，私たちのパーソナリティの深い部分と関係しています。ハリーにとって離乳食に移行していくことは，よく知っていて好きだったものをあきらめることを意味していました。ハリーは，自分が今まで手にしていたものを簡単に手放し，前に進み，成長したいと思っているのかどうか，よくわからないでいるようでした。どの発達の段階でも，安心，喜び，誇りといった感情だけでなく，後悔，悲しみ，喪失といった感情がそれらに伴って起こってくるものなのです。でも食事の時に以前よりも赤ちゃんと少し距離ができた今，私たちは新しいやり方で赤ちゃんと経験を共有し始めることになります。そのプロセスはいくつかの新しい要素を持つようになります。つまり，大人と赤ちゃんの両方が使う新しい道具，おいしいものとおいしくないものの発見，そして大人と赤ちゃんの間に存在する，食べ物のやりとりを一緒に経験する新しい場所などです。

分離が進んでいくこと

　赤ちゃんが離乳食に移行していく中で，お母さんやお父さんとの関係も，生まれたての頃の濃密なものから大きく変わっていきます。赤ちゃんは新たに自信と能力を得たことで，世界のあらゆる領域に進出していくようになります。母親－赤ちゃん関係は二人だけの世界ではなくなりつつあり，初期の濃密さはいくらか薄まっていきます。しかしその一方で，お互いに楽しみを分かち合い，新しい経験を共有していく余地は，どんどん広がり続けていくようです。それによって，離れていくのと同じくらい，一緒にいると感じられるようになります。

　生後2，3カ月の赤ちゃんは，離れた所にあるものに，以前よりも簡単に焦点を合わせることができるようになり，見る物を選ぶことができます。いないないばあ遊びの初期の形態のようなものができるようになり，きょうだい，おもちゃ，親，そしてペットの行き来さえも，赤ちゃんにとってはより興味深くまた意味深くなります。赤ちゃんが，お母さんやお父さん，きょうだい，そしておじいちゃん，おばあちゃんのことをわかり，正しく認識し始めるにつれて，自分自身の感情もさらに認識するようになるようです。赤ちゃんは自分の心に以前にも増して焦点を合わせられるようになり，感じ取ったことの意味を理解しようとします。

　生後3カ月のエマは，大好きな動物のモビールの下にいて，とりわけある動物が視界に入ってきては消えるのを熱心に見ていました。それが現れるたびに彼女は喜びましたが，見えなくなると，勢いよく足を蹴って，それが行ってしまうのに抵抗するかのようにして怒りをあらわにしました。エマはモビールを用いて，いろいろなものが行ったり来たりすることへの感情を表現し，探索してもいました。つまり彼女は何が好きで何が嫌いかを表現し，探索していたのです。この月齢であっても，赤ちゃんは自分の感情を理解するために遊びを用います。

睡　眠

　生後最初の数カ月をかけて，ほとんどの親がへとへとになりながら取り組むことのひとつが，赤ちゃんに，夜は眠るための時間だということをわからせることです。それがある程度うまく行っても，寝る時間や眠ることに関する問題は，多くの親を悩ませ続けます。眠ることはまた，分離とも結びついていて，赤ちゃんや子どもにとってと同様，親にとっても，感情的になる事柄となります。

　まず多くの親は，この時期のある時点で，赤ちゃんの眠る場所を変える決心をします。だいたいは赤ちゃんを，揺りかご，ベビーベッド，あるいは別の部屋へと移します訳注1)。これは赤ちゃんと親との間に，新しい親子の境界を築こうとする動きの一環であり，それが落ち着くまでに，繰り返し試行錯誤を試みることが必要となります。そのような境界を赤ちゃんに強いる時には，私たちは，赤ちゃんがそれをどう感じるのか，自分なりに赤ちゃんの身になって考えます。しかし，正確に言うならば，それは赤ちゃんならこう感じるだろうと私たちが考えていることなのです。私たちは赤ちゃんの反応をすべて赤ちゃんの側に起因するものだと思いがちですが，そうした反応の起源は，赤ちゃんのパーソナリティの中にだけでなく，私たちのパーソナリティの中にあるのかもしれません。

　初めて親になったスーとディランは，生後4カ月になるまでマシューを揺りかごに寝かせて，ベッドの足の方に置いていました。マシューはとてもよく眠る赤ちゃんで，夜中に授乳する必要はほとんどありませんでした。でも，母親のスーは，マシューのあらゆる動きや鼻を鳴らす音が気になって，マシューがすぐ近くにいると，なかなか眠れないと感じていました。スーもディランも，夜にはマシューから解放される時間と空間が，いくらか必要だと感じていました。彼らは最近引越しをしたばかりで，マシューを移す部屋はま

訳注1) 英国の典型的な白人家庭では，生後数カ月で赤ん坊を両親とは別の部屋で眠らせることがごく普通に行われている。他方，わが国では，学童期にいたるまで両親と同じ部屋で寝るという家庭が圧倒的に多い。

だ整っていない状態でした。別の部屋に移した最初の夜，マシューは夜中に3回，目を覚まし，とてもむずかり，彼を再び寝かしつけるのは大変でした。

このパターンは次の週も続き，スーもディランも意気消沈して，どうしてマシューが急に寝にくくなったのかと悩みました。最近，彼は離乳食を始めており，そのために落ち着かないのだろうか，と彼らは思いました。じっくりとこのことを話している中で気がついたのは，彼らが，マシューを自分たちの寝室から移したことに罪悪感を持ち，心配もしている，ということでした。彼らは，マシューがずっとひとりぼっちで，愛されず望まれていないと感じているのではないか，と想像して，動揺していたのです。母親のスーはマシューの新しい部屋が好きでなく，夜の授乳の間ずっとマシューと一緒に座り，みすぼらしい壁を見ていると，とても惨めな気持ちになると打ち明けました。

このように，マシューを自分たちの寝室から追い出したことに関する両親自身の感情が，この新しい状況に影響していたようです。両親自身がマシューの新しい部屋をいいものだとは思えなかったので，マシューにそう思わせるなんてとてもできなかったのでしょう。スーとディランがお互いに自分たちの不安や，マシューを新しい部屋に移動して，どんなに動揺しているかについて話すことができた後，父親のディランは写真を2枚，マシューのベビーベッドの上に飾ることにしました。それによって両親は少し気持ちを静めることができました。するとマシューを新しい部屋のベッドに置くことが前よりも楽になり，両親は安心しました。二晩もすると，マシューは夜に再びぐっすり眠るようになりました。そして両親は，自分たちの部屋でゆったりと過ごすことができるようになりました。

2枚の写真それ自体は，マシューにはそれほど重要でないのは明らかでした。けれども，おそらくその写真は，それに込められた両親の思いが大切だったのでしょう。つまり，それには，この別れて寝るという新しい展開は，マシューにとってマイナス面だけでなく，本当にためになることがあるという両親の思いが込められていたのです。新たな分離についての感情は，どれが赤ちゃんに由来するもので，どれが親から来ているものなのかを完全に切

り分けられるものではありません。しかし,親が,赤ちゃんをきちんと見られなくさせている,自分自身の感情を切り分けようとすることは,役に立ちます。実際に経験して初めてわかっていくことは赤ちゃんにはたくさんあります。親から少しずつ離れていくことは,悲しくて寂しいことだけれど,新しい機会や新たな喜びも与えてくれるというのも,そうした経験のひとつなのです。

「コントロールド・クライング(泣くことのコントロール)」法

親の視点

　多くの親は,育児のどこかの時点で,赤ちゃんがそのうち寝てしまうまで,抱っこせずに少し泣かせたままにしておくほうがいいのかどうかに頭を悩ませます。これは,しばしば「コントロールド・クライング(泣くことのコントロール)」法[訳注2]というやや冷たい響きの言葉で呼ばれるプロセスです。分離の問題が関わる他の多くのことと同様に,泣くことに関して人は感情的になりがちです。この考えを,残酷だと感じる人たちもいますが,それはこの考えの中に,冷淡に赤ちゃんを「コントロールする」ということが含まれている,と感じるからでしょう。つまり,赤ちゃんが泣き疲れて眠るまで放っておく,ということを思い浮かべるのでしょう。また,逆の方向に極端に考える人もいて,夜間にずっと赤ちゃんを抱き上げてあやす親のことを,どうしようもなく子どもを甘やかすものであり,泣いている赤ちゃんにすぐに駆け寄りたいという自分自身の欲求をコントロールできず,それによって「自ら災いを招くようなことをしている」と非難したりします。双方が互いを疑いの目で見ています。おそらくそれには自分自身への疑いも入り混じっています。親は間違ってはいけないと感じていますが,たいていの場合,そうすることが赤ちゃんにとってどんな意味をもつのかに関しては自信が持て

訳注2) アメリカやイギリスで,生後6カ月以上の赤ちゃんがひとり寝できるようにするためにしばしば推奨される育児法。赤ちゃんが泣いても抱っこしないことを続けることを導入していくことで,ひとり寝の習慣をつけさせるやり方。

ないでいるのです。

　泣いている赤ちゃんをほうっておいてよいのかという問題は、マシューが新しい部屋に移された時に起こったことにも関係しています。おそらくマシューは、毎晩彼をベッドに寝かすときに両親がどんな気持ちでいるかについて、感づいていたと思います。私たちが赤ちゃんをベッドに寝かせて、おやすみのキスをしたり話しかけたりするやり方には、きっと私たちの深い感情についてのメッセージを、赤ちゃんに伝える何かがあるにちがいありません。そして、もしもそうであるならば、泣くことをコントロールすることがうまく行くかどうかという問題全体は、そのやり方がもつ利点だけでなく、私たち自身のパーソナリティや、私たち自身の分離をめぐる感情にも影響を受けるということになります。もしも私たちが、自分たちがしていることに自信を持ち、分離にも何とか対処できると思っているということを、赤ちゃんにわからせることができれば、このやり方がうまくいく可能性は高いでしょう。けれども、これは、言うは易し行うは難しなのです。

　私たち大人の多くは、夜よりも昼間の方が、不安を抱いてもそれを扱いやすいと感じます。子どもの頃、悪夢を見たり、全くひとりぼっちで淋しかったり、不安だったりして、暗いのが怖かったことを覚えている人もいるかもしれません。親は、赤ちゃんが夜中に苦しんだり不安だったりするのを目の当たりにすると、昼間には助けとなっていた大人の見方を持ち続けることが、とても難しくなります。

　サリーは、娘のティアを一人で育てていました。彼女はベッドでティアと一緒に寝るのを楽しんでいました。ベッドに一緒にいれば、朝まで、ティアのそばにいてあやすことができました。けれども、ティアが生後5カ月になった時、サリーはティアをベビーベッドに移すことに決めました。ティアはこれを喜ばず、ベッドに寝かされると怒って泣きました。それでも母親のそばに戻れないと、ますます泣き叫びました。母親のサリーはティアの反応をとても悲しく感じました。しかし、自分で決めたことだし、それを守る必要があるとも思いました。泣くことをコントロールするということは賢明な考えのように聞こえました。けれども、夜が更けるにつれて、ティアはとても

惨めな様子で泣き，サリーは本当に耐えられないと思い，そして，もしもこんなにひどい状態のまま放っておいたら一生のダメージとなる，と感じ始めました。サリーは選択の余地はないと感じ，ティアを自分のベッドに戻しました。するとティアはすぐに落ち着きました。サリーは自分を親として失格であると感じて，それがどんなに難しいことか誰も教えてくれなかった，と腹を立てました。

　これはよくある状況なのです。夜中に赤ちゃんが泣くことに対処するのは，すべての親にとって最も難しいことのひとつで，一人で対処するのはさらに難しいことです。親が二人いると，お互いにサポートすることが可能で，極度の疲労で相手に八つ当たりするようなことがないかぎり，感情がかき乱される時にも，お互いに持ちこたえることができるように助け合います。とはいうものの，たとえサポートがあっても，赤ちゃんが泣くのを聞いて，抱いたり，ベッドに戻したり，ちょっと授乳したりしてあげると赤ちゃんが泣き止むと分かっていながら，そうしないでいるのは，自然や直観に反しているように思えることでしょう。

　ここまで見てきたように，たいていの赤ちゃんに対しては，ある種の境界線を引くことで，感情の輪郭を作ってあげることが必要です。赤ちゃんは自分自身について，いくつかの非常に基礎的な考えしか持っていません。それに，新しい段階の別れに対処する準備が整っているのかどうかがわかるすべもありません。おそらく赤ちゃん自身はまだ無理だと思いこんでいる可能性が高いでしょう。私たち親の方でも，赤ちゃんにどのくらいの力があるのかということがまだわかりません。しかし，私たちは自分自身の経験を生かすことができ，赤ちゃんの育っていく力について，より長期的な見方をすることができます。ただ，特に真夜中には，泣いている赤ちゃんに同一化しないでいるのは難しく，私たちは大人の見方を失って，赤ちゃんの見方をしてしまいます。

　サリーは最終的に保健師に相談しました。保健師は，夜泣きにうまく対処するための段階的なやり方を教えてくれました。その方法は，原則として親のベッドに戻りたいという赤ちゃんの願望に対しては妥協しないけれど，段

階ごとに赤ちゃんをあやし安心させる方法を含んでおり，赤ちゃんが対処できないほど長く放っておくことはないものだったため，サリーはほっとしました。保健師に支援されて，サリーはティアの要求に「だめ」と言うことを，それほど残酷なことをしているとは感じることなくできました。やがてティアは，新しいルールを受け入れました。もちろん何の不満もなく，とはいきませんでしたが。

　赤ちゃんのために，親が大人でいることが必要なことがあります。つまり，赤ちゃんが絶望的な気持ちになり，怯えていていることが十分にわかっても，親の方では，絶望したり恐れたりしないことを，静かに主張することが必要な時があるということです。これは難しいことですが，大切なことです。そのためには，私たちはたいてい，外からのサポートが必要なのです。赤ちゃんと親の両方にとって，これらの乳児的な感情に圧倒されていない人がいるんだとわかることが重要です。つまり，こうした強烈な感情をそんなに恐れることはないし，物事はよくなっていくものだ，と親が本当に信じることができると，分離に関する夜中の不安にもっとうまく対処できるようになります。

赤ちゃんの視点

　赤ちゃんの視点から全体のプロセスを想像してみると，たとえ2, 3分でも泣かせたまま放っておかれると，ショックに感じるにちがいありません。赤ちゃんは苦しいので，お母さんが抱き上げてくれて，抱きしめて授乳して欲しいと思うものです。そのため，赤ちゃんはお母さんが立ち去るのに強く反応します。赤ちゃんの性格や母親との関係にもよりますが，分離に際して，多くの感情，つまり，ひどく腹を立てたり，怒ったり，パニックになったり，困惑したりして，なんらかの悪感情が必ず生じます。しばしばこの悪い感情は，時間が経ってもお母さんが赤ちゃんのもとに戻らないときに強まります。

　親が赤ちゃんのもとを去って放っておくのが，ほんの少しの間だけのことなら，赤ちゃんはその状況に対処するために，少しずつ自分で対処手段を見つけようとします。初めは，たとえ短時間であっても，お母さんがいないと

すぐにパニックになるかもしれません。そんなとき，ふたたび大丈夫だと感じるには，母親が実際にそばにいることが必要です。生後2,3カ月までには，赤ちゃんは，母親がそばを離れている時に，ちょっと気持ちを落ち着かせるために自分でできることを試してみるようになります。一人で置いておかれることが時期尚早でなければ，自分の心の中にある考えや記憶に頼ることでなんとかひとりでいられるようになり始めます。

　赤ちゃんは，苦痛のサインを出したときに，親にすぐ来てもらいたいし，すぐにでも快適で満足な状態にして欲しいと思います。しかし，気持ちが崩れたとき，親がそばにいながらも，すぐに手を出したり，逆に長く放っておくわけでもなく，赤ちゃん自身がそうした気持ちを自力で建て直すのを見守っていてくれるということが，赤ちゃんにわかってくると，赤ちゃんは，親がそばにいない時でも自分で気を落ち着かせることができるのだ，ということがわかり始めます。これはすぐにできるようになることではありません。時には赤ちゃんは恐れて，自分を安心させることなんてできないと感じることもあります。そのため，私たち親は，赤ちゃんの感情に対して繊細に気を配り，その感情に触れている必要があります。そして，必要な時には赤ちゃんのところに行き，「大丈夫よ」とか，「お母さんたちはここにいるからね」とか，「そんなにひどいことは起きないから，大丈夫よ」と言って，安心させる必要があります。ほとんどの親は，赤ちゃんが怒って抗議して泣いているのと，絶望的になりパニックになって泣いているのとを区別できます。だから赤ちゃんは，本当に必要な時にはお母さんかお父さんが来てくれることを，すぐにわかるようになります。

　親は自分がどんな経験をしているかわかってくれているし，なんとか克服できると信じてくれている，と感じとっている場合，赤ちゃんは，こうした経験を通じて自分の力を見つけだすことができやすくなります。親にとって最も大変なことのひとつは，苦痛や怒りや淋しさは，それを感じているときには生存が脅かされているように感じるかもしれないけれども，実際には生存を脅かすものではないということを，赤ちゃんに学ばせることです。赤ちゃんは夜中には苦痛と怒りに我を忘れていても，翌朝には目が覚めて，あな

たをにっこりと見つめることができるのです。

赤ちゃんの発達

　生後6カ月の終わりまでには，自分で座ることができるようになる赤ちゃんもいます。そしてほとんどの赤ちゃんは，お気に入りの人が増え，発声や表情のレパートリーが広がり，興味が広がっています。赤ちゃんは世界を手中にしているように見え，自尊心や自信にあふれているといった感覚を表すことができ，それは感動的であり愛しいものです。父親，祖父，そして兄や姉にとっては，この時期はとても楽しく，赤ちゃんはそれぞれの人と，もっと深くて意味のある関係を築く準備ができています。そして，みんながそれぞれ違っていて，さまざまな喜びや関心を与えてくれるということを理解しています。

　生後6カ月の赤ちゃんは，自分自身の感情に以前よりも気づいています。赤ちゃんは激しく怒り狂うこともできるし，深く愛したり，思いやりを持つこともできます。一方で，早い時期の素朴な世界の見方は，より洗練された複雑な感情に取って代わりつつあります。赤ちゃんは自主性を持ち始めます。ひとりでいるのを楽しめるようになり，モビールや窓からの景色にうっとりしながらベッドに横たわっていることができるようになります。赤ちゃんには，お腹がすいている，お腹がいっぱいだ，お母さんに怒っている，おばあちゃんが好きだ，新しい発見に興奮している，ひとりで置かれるのが怖い，といった感情がわかるようになっています。人生で新しく出会うことに，それほど困惑しなくなり，どこからともなく湧き出てきた混沌とした感情や出来事に翻弄されることはもうなくなり，まわりには安全な基地があるので，心の内側に持っている力を成長させていけます。強まった自信と確信を武器に，世界に踏み出していくことが可能になります。

第4章
生後6カ月から12カ月

　最初の1年の後半になると，赤ちゃんは見違えるように変わってきます。直接目に見え，手の届く範囲で世界を探索していた赤ちゃんは，自分の計画や考えを持って，動いたり冒険したりする小さな一人の人間へと変貌を遂げていきます。多くの親にとっては，この時期がこれまでで最も楽しいと感じられます。赤ちゃんは新しくできるようになったことすべてに，生き生きと反応し，人生を味わっていることを示し始めます。喜び，ユーモア，愛情を表現する能力が発達してきていることがわかります。それだけでなく，不快にさせられた時には上手に抗議します。
　ここまで見てきたように，赤ちゃんの生活の初めの段階では，親と赤ちゃんの感情はとても密接に絡み合っていて，それぞれが相手に強く影響されているので，どの感情がどちらの感情なのかを明確にすることが実際にはできません。この段階までに，赤ちゃんは自分自身の感情について多くのことを学んでいます。その上，まわりにいる人たちも感情を持っているのだ，ということに気づく能力も発達してきています。赤ちゃんは最初から，意識していなくても，親の心の状態に強く影響を受けています。赤ちゃんは自分のことを人として感じていて，他の人たちの気分や行動について少しずつ観察したり，学んだり，考えたりし始めています。この時期には，これまでより複雑で困難だけれども，実りのある関係が始まります。

ずっとまとまりをもってくる

　乳児期初期の赤ちゃんの心は，浮き沈みがとても大きく極端な感情状態にあります。この状態は，生後の1年だけでなく，その後の生活にも影響を与え続けます。しかし，単純で極端という性質をもった赤ちゃんの感じとり方は，この時期にはすでに変化してきています。その上，自分自身についての感覚が前よりもしっかりとしてきています。生後1年の後半には，赤ちゃんは自分の考えや感情をまとめることが以前にくらべてできるようになり，自分や他の人たちについての見方がより細やかで一貫したものになります。

新しい見方で自分を見るようになる

　生まれて間もない赤ちゃんは，よい感情や悪い感情のすべてが，自分の外側にあるよくわからないところからやって来る，と感じとるようです。お腹がすいたり，疲れたり，淋しかったり，痛みがあったりするときには，まるで悪いことが自分になされていると感じているようにみえます。生後数週間の赤ちゃんに，激しい腹痛，パニック，急な空腹といったことが生じているとき，まるで実際に攻撃されているかのように，こちらを恐怖の目で見ることがあります。しかし，赤ちゃんは，自分自身のことを知っていくという課題に取り組む中で，よい感情や悪い感情のすべてが外側にあるのではなく，自分の中にも「よい」感情や「悪い」感情があるということに，段々と気づいていきます。赤ちゃんは愛や好意と同じように，攻撃的な気持ちや怒りも感じることもあります。受け身であると感じることが減り，自分をコントロールできていると感じ，ますます固有の存在であると感じるようになります。そういった中で，赤ちゃんは，自分の限界や，好ましくない衝動や破壊的な衝動，つまり自分の基盤となる人間的なものと格闘しながら，人類の仲間入りをしていきます。

新しい見方で母親を見るようになる

　この時期は，自分自身について新しい発見をし始める時期ですが，それとほぼ同時期に赤ちゃんは，お母さんやお父さんも複雑で不完全な存在なのだという現実認識を迫られることになります。先に述べたように，生まれて間もない赤ちゃんは，母親のことを，よい面と悪い面を持つ自分とは別の人間だと考えることはできません。母親は人ではなく，赤ちゃんの全世界そのものなのです。つまり，母親がそこにいて，欲しいものを与えてくれると，世界はすばらしいものとなります。一方，母親がいなくて自分の悪い感情を取り除いてくれなければ，世界はひどいものとなるのです。次第に赤ちゃんは，母親はよいところと悪いところを持ち合わせた人間であり，自分とは別の人間であると発見していきます。つまり，母親は，さまざまな特徴を持つ人であり，愛情や栄養や笑いを与えてくれるけれども，よそよそしかったり，怒りっぽかったり，こちらの欲求を理解できなかったりということもあるのだ，ということが赤ちゃんに分かってきます。母親は刻々と変化していくにもかかわらず，ともかくも同一であり続ける存在だと分かるようになってくるのです。

　赤ちゃんにとって，こうした発見はとても大きな困難を引き起こします。時に，関係がどんどん複雑になることは，赤ちゃんにとってはかなり苦痛で不安なこととなります。赤ちゃんは，なんでも与えてくれる完璧な母親という幻想を失いつつあります。心の底から一途な愛情を持って見つめてきた，あの完璧な存在は，時々いなくなったり，物事がうまくいかない時には，意地悪な姿に変わってしまうのは認めざるを得ないものの，やはりそれはあきらめることのできない完璧な「お母さん」のひとつの姿なのです。さまざまな姿の母親を感じ取ることは，長い目で見れば好ましいことですが，そのことで赤ちゃんは失望したり，心のバランスが崩れそうになったりもします。さまざまな母親の姿を認めることがとても難しくなると，ほとんどの赤ちゃんは，こうした複雑な経験をろ過して，理想的な母親のみを思い起こそうとします。

こうした変化の中で，赤ちゃんはその変化自体に圧倒されてしまうことがあります。そのときには私たち親が境界を維持することが，赤ちゃんにとって必要となります。私たち親には赤ちゃんよりも多くの経験があり，共感することもできるので，こうした新しい気持ちを理解するための言葉を，赤ちゃんに与えることができます。赤ちゃんは外側の世界でも想像の中でも「危険」を感じ取り始めますが，私たちが安定し一貫した態度でいることができると，赤ちゃんは，そういった「危険」は際限のないものにはならないと感じるようになります。

歯が生えること

大変なことはまだまだあって，この時期に初めて歯が生えてきます。多くの赤ちゃんは歯が生えるのを痛く感じ，むずかり，不愉快な気持ちになります。それだけでなく，歯が生えることは，情緒的なレベルで大きな再調整が必要になることでもあります。赤ちゃんは，自分も他の人も，鋭く攻撃的な性質のものを持っていることを発見しつつあり，すべてがやわらかかった自分の口の中に，硬くて鋭い物が急に侵入してくることに直面します。そして，口は，探索したり，食べたり，泣いたりする部位として，それまでとても大切なところであったので，この変化によって赤ちゃんには強い混乱した感情が生じます。吸うという衝動はもはや支配的ではなくなり，赤ちゃんは嚙むことに夢中になります。この頃，乳歯が生えた赤ちゃんが心配そうな深刻な顔をして，生えてきた歯に物を押し付けることに没頭している姿をよく見ます。この不慣れで不快なものに慣れるまでにしばらくかかるかもしれませんが，その後に多くの使い方ができるようになり，嚙むことの便利さを味わい始めます。

さみしさ

赤ちゃんは，母親が自分とは別の人間だということに，以前よりも気づく

ようになっています。そして，自分が好きな人は自分以外の他の人たちとの関係も持っているということを，嫉妬に苦しみながらも気づくようになり，初めて「仲間に入れてもらえないでさびしく思う」とはどういうことかを理解し始めます。赤ちゃんは，母親が父親には違った様子で話していることや，自分に注目して欲しいのに，両親が二人だけでいることがあるということを，だんだんと知るようになります。たぶん自分がベッドに寝かされた後，きょうだいたちも，自分に断りもなく仲良く一緒に遊んでいます。両親の友達が尋ねて来るとみんなの注目を独占してしまって，赤ちゃんには理解できないやり方で一緒に話したり笑ったりしています。赤ちゃんは仲間に入ろうとしたり，笑ったり，何かをしゃべったりして気丈に反応するかもしれません。そうすることで自分も仲間に入れてもらっていると感じるのでしょう。赤ちゃんはひとりにされたくなくて，寝る時に急にむずかるようになったり，夜中に起きていたりするかもしれません。訪問者によっては，赤ちゃんは用心深くなり，彼らのことを単に自分と遊んでくれる人たちというよりも，好ましくない侵入者だと思います。母親が誰か他の人と話すたびに，大きな声をあげることもあります。

　親の中には，この時期に，それまでとは質の違う悲しみが赤ちゃんに芽生えてきているのに気づく人たちもいます。赤ちゃんが考え込んだような表情をし，さらには憂鬱な表情をしているのを見たり，あるいは沈んだ泣き声をあげるのを耳にすることがあります。今や赤ちゃんは母親や父親がいないとさみしいと感じ，他の人たちの動向を強く意識しているのです。

遊ぶことの大切さ

　情緒的な世界で多くのことが起きている一方で，赤ちゃんは際限のない好奇心にまかせて実験し探索していくことで，身体的そして知的な成長も急速に進めています。赤ちゃんは生後6，7カ月頃に初めて自力で座ることができます。これは赤ちゃんの生活が直立姿勢の社交的な段階へと大きく変化してきたことを表しています。そして，自分のまわりの世界に魅了されるとい

うことが本格的に始まります。多くの赤ちゃんはこの時期に，目の前にいろいろな物の入っている箱が置かれているのを見て喜びます。それはまさしく「宝箱」であって，赤ちゃんはそこから興味のある小さなものを取り出しては，歯や歯茎に当てて感触を試します。あるいは，ある物を別の物の横に置いたり，中に入れたり，まわりに並べたりしますし，はめ込んだりぶつけ合ったりできるのかを確かめたりします。このように遊ぶことを通して，赤ちゃんは自分がどれだけのことができるのかを把握していきます。

　発達途上の赤ちゃんにとって，遊びは必要不可欠なことです。ある物をつまみ上げてみたり，別の物の中に入れて組み合わせてみたり，どうなるのか確かめようとして衝突させてみたりします。それと同じように，赤ちゃんはさまざまな感情や関係，それにやりとりの中から，自分なりのやり方を身につけていき，物事を引き起こすにはどうしたらよいのか，どうするとある反応を引き起こせるのか，人の振る舞い方によってどんな感じがするのかということを知っていきます。人生を自分のペースで，自分に納得のいくようにして少しずつ消化していくと，人生は恐ろしいものでも，困惑したりするものでもなくなっていきます。典型的な例として，いないないばあ遊びがあります。いないないばあ遊びでは，赤ちゃんがコントロールし管理できる範囲の中で，別れと再会という感情が揺さぶられるようなことを試してみることができます。人がいなくなったり戻ってきたりすることや，大きな音あるいは急な怒鳴り声，ある子どもの顔が急に現れたり消えたりすること，飼い猫が急に飛びついて来ること，そして不意の愛情のこもったキス。混乱させられたりコントロールの効かない，こうしたさまざまな経験も，小さな科学者のようにじっくり観察しあれこれ考えていくうちに，少しずつ赤ちゃんが把握できるものとなっていきます。それはまさしくおもちゃでやっていることと同じなのです。

世界と関わること，まわりの反応を引き出すこと

　生後6カ月以降になると，赤ちゃんはそれ以前よりも外の世界と関わるよ

うになり，さまざまな人ともしきりに交流しようとします。けれども，親の手の届く範囲にいるときにそうすることを好むようです。赤ちゃんは言葉を理解し始め，話しているつもりになり，これに反応されるとても喜びます。はじめは，声を出したり音をまねたりし，後になると話している「ふり」をしたり，喃語を発するようになります。自分に役割があることがわかるようになり，人に影響を与えることも，いろいろなことを引き起こすこともできることがわかるようになります。おもちゃについているボタンを押したり，ブロックの塔を倒したりということはすぐにその効果がわかることですが，それと同じように，大抵はそれほど劇的ではないけれども，自分の行動がまわりの人たちに影響を与えることがあるということを学んでいきます。というのも，自分がそのときに持っている感情や経験を踏まえて遊ぶのと同じように，この月齢の赤ちゃんは他の人たちの気分に気づき始め，ある反応を引き起こすにはどうしたらよいのかを試し始めるからです。

　赤ちゃんが反応を引き起こそうとする最初の方法は，泣くことです。生まれたばかりの赤ちゃんは自然に泣くのであって，まわりの大人たちの行動に影響を与えようと意識的して泣いているわけではありません。身体的な痛みや辛い感情を取り除こうとする衝動があるのです。けれどもすぐに赤ちゃんは，泣くことによって何かを引き起こすことができることを学びます。生後6カ月以後の赤ちゃんはこれまでよりずっと繊細な生きものになっていて，自分の行動が世話してくれる人たちにどのように影響し，その影響に対して彼らがどのように反応するのかを観察することが，少しずつできるようになります。生後7,8カ月の赤ちゃんでさえ，母親が疲れていると，どの遊びやこっけいなしぐさが母親を幸せな気持ちにするのかを見つけ出そうとして，母親を「元気づける」やり方を見つけ出します。同じように，他のことにしばし気を取られていた父親が，突然自分の横に活動的で向こう見ずな赤ちゃんがいることに気づくということがあります。注目してもらいたいときにそれを知らせるやり方を，赤ちゃんはもうわかっているのです。このようにして，赤ちゃんは，親の気分というものは変わっていくものであると理解していき，そのために何ができるのかを見出していきます。そして自分がコント

ロールしたり影響を与えることができることもあるし，そうできないこともあるということを発見していきます。

　ジョージは，生後9カ月の時，近所中に響き渡るような叫び声をあげるようになりました。家族は新しいアパートに引っ越したばかりで，近所の人たちの迷惑になるのではないかと気にかけました。父親のジョンは，ジョージが自分の技にどのように磨きをかけたのか話してくれました。ジョージは毎晩数回，目を覚ましたので，両親のどちらかが彼のところに行って面倒を見なければなりませんでした。両親がジョージの寝室を出ようとすると，ジョージは突き刺すような甲高い叫び声を上げました。

　　　ジョージは声を振り絞り叫びました。その声で私も近所の人もみんな，ほとんど耳が聞こえなくなるくらいでした。そのあと叫ぶのをやめて，嬉しそうな表情で私のことを見るのです。お父さんには僕が叫ぶのを止めさせることができないでしょ，というような顔つきで私を見るのです。

　そもそもジョージは環境が変わったことで不安になり，それをなだめてもらう必要が純粋にあって，目を覚ましていたのでしょう。けれども，ジョージは適切で効果的な叫び声をあげることによって，確実に両親に影響を及ぼすことができました。赤ちゃんは私たちを困らせるやり方を知っていて，自分が感じている不快さや落ち着かなさを同じように私たちに感じさせます。ジョージは，家族の引っ越し先をコントロールできなかったのかもしれませんが，全権限を自分以外の人に握られてしまうというのはどんな気持ちになることなのかということを両親に知らしめることはできたのです。彼は，自分には，泣き叫ぶという武器があることに気づいたのでした。両親は，ジョージの叫び声には，実際非常にいらいらさせられましたが，何とかこの状況をユーモラスに感じ笑うことができていました。ただ，ジョージの泣き声はあまりにひどかったので，両親は（近所の人たちに一言断ってから）しらんぷりを決め込みました。そして，数日もするとジョージは落ち着きを取り戻しました。この時点で彼はすでに両親に自分の主張を通していたのです。

笑いと冗談

ジョージのように、赤ちゃんはまわりに影響を及ぼすやり方を見つけるものです。もちろん、もっと穏やかなものを人から引き出すことができると知ることが必要なときもあります。生後10カ月のベッキーは、小さな赤ちゃんのように仰向けに寝て、足を元気よくばたつかせることによって、両親を笑わせたりキスしてもらえることがわかっていました。とても幼い赤ちゃんでさえも、親やきょうだいのおどけたしぐさをとても楽しんでいるようにみえます。また、この月齢くらいになると、他の人たちの楽しませ方もわかっていて、洗練された冗談や馬鹿げた状況、それに遊びを驚くほど理解しています。

笑いや遊びは赤ちゃんの生活の中心的な部分です。赤ちゃんの笑い声を初めて聞くと、心を動かされます。今や赤ちゃんは、生まれながらに、喜んだり、愛されたり、笑ったり、あるいは人を笑わせたりする能力が自分にあると感じています。遊びを母親や他の人たちと共有することは、赤ちゃんの欲求を満たすことを基盤とする母親-赤ちゃん関係がもはやそれほど中心的なものでなく、かつまた排他的なものでないという事実に光を当てます。以前よりもリラックスすることで、赤ちゃんは数々の新鮮でわくわくするようなやり方で、母親や他の人たちと一緒にいるのを楽しみます。

勝利の誇らしさと失敗の惨めさ

最初の1年の後半になると、赤ちゃんは、自分にとって重要な人たちのイメージを作り上げようとしています。同時に、これまで見てきたように、自分自身のイメージも作り上げていきます。しかしながら、この月齢では、自分の力や限界について、合理的でバランスの取れた見方ができるようになるのは無理です。実際のところ、赤ちゃんは自分自身について、矛盾した強い考えをたくさん抱いていることが多いのです。その信念は、万能であるという幻想から、現実の中で感じるつらい無力感まで、多様です。赤ちゃんが小

さくて完全に依存していたのは、そんなに前のことではありません。しかしながら、赤ちゃんが自分の中の真の強さについて自覚してくると、たちまち増長して、自分ができる以上に力を持っていると感じることがあります。強さと脆さが突然切り替わるので、赤ちゃんは非常に混乱するようになります。自分は強いんだという思いと、実際にできることとのギャップがあって、赤ちゃんは傷つきやすい立場にいます。

うぬぼれ

うぬぼれの頂点にいる赤ちゃんほど堂々としていて万能に見える者はいません。赤ちゃんは、リビングルームの真ん中でドア枠に吊るしたブランコに揺られているとき、自分が中心で、完全に注目の的だということを知っています。指差しの楽しさを学んでいて、それによって、欲しいものをすぐにつかむことができます。何かを指差し「ダァ！」というと、大人たちが自分の命令に従うというのは、素晴らしい瞬間です。部屋にたくさんいる大人たちに選んだおもちゃを渡すと、誰もがとても喜んで、大切に受け取ってくれることに疑いはありません。みんなが自分の言うとおりにしてくれると固く信じ込んでいて、抱いてもらおうと両手を伸ばします。こうしたことによって、自分は何でもできるのだという輝かしい感情が赤ちゃんの中に生まれます。この月齢の赤ちゃんは、自分が力を持っていると感じるにはどうすればよいか、人に頼らなければならないことがあるという考えをどうすれば払いのけることができるのか、どうすれば自分が場を支配しているのを楽しめるのかを知っています。

そして挫折すること

しかしながら、こうした万能感の高みからの落下は、とても極端なものとなります。世界を掌握していると感じていても、赤ちゃんは、わずか数ミリだけ手が届かないところにある飲み物を取ることができません。腕で体を支えることができて、誇らしげににっこり笑い、見ている人たちから、励ましの拍手を受け、褒められて満足します。けれども同時に、上半身の重さを支

えるのに精一杯なのです。そして，何度も努力した後では，腕は疲れてしまって，突っ伏せてしまいます。腹ばいに寝たままで，動くことができなくなります。誰かがちょっと離れたところに置いてくれた，お気に入りのおもちゃの方に行こうとがんばるのですが，後ろに進めても前には進めないことに気づかされます。あるいは，奇跡的に始めて数歩歩くことができ，周りの大人が大喜びしている中，カーペットが急に動いてしまい，転んで後頭部を床に打ちつけるなんていうこともあります。

　赤ちゃんの生活はそのような極端さでいっぱいです。たくさんのことを達成し，新しい喜びがたくさんありますが，その途中には落とし穴が数限りなくあります。とても注意深い試行錯誤のプロセスが必要で，素早く入れ替わる大成功と大失敗に直面しても，自分自身であると感じられることが必要なのです。6カ月以上の月齢ともなると，赤ちゃんは，それより早い時期のことを覚えていないかもしれません。けれども，赤ちゃんは心のどこかで，自分がとても小さくて，生存のために他の人に完全に依存しなければならないとはどういうことなのかを知っているでしょうから，そのような無力さを再び経験すれば痛みを感じるに違いありません。いろいろな意味で，赤ちゃんにとってそういった経験は遠い過去のことになっています。しかし，赤ちゃんは，それから完全に解放されるわけでもありません。とてもお腹が空いていて，さみしくて，怖い時，少し大きくなった赤ちゃんでさえも（言うまでもなく大人でも），しばらくの間，心がばらばらになってしまっているように思えるときがあります。それは，あたかも，空っぽの口が乳首を欲しがっているのに，乳首を引き寄せることが全くできないという，早期の乳児のパニックの気持ちを追体験しているかのようです。この月齢の赤ちゃんは，自分が何者であるのかという感覚を維持するのにまだまだ必死なのです。その感覚は，このとても無力な状態と，「世界の頂点にいる」という危うい喜びとの間の，どこかにあるのです。

親の反応

　親は，愛する者がこうした急激な高揚と転落を経験しているのを目の当たりにすると，とてもいとおしく感じることがあります。状況によっては，とても滑稽に感じたり，かわいそうで見ていられなくなることもあるでしょう。どのように感じるのかは，私たち親の欲求不満に耐える力によって，大きく違ってきます。つまり，赤ちゃんに対してだけではなく，私たち自身に対しても，自分が人間という，か弱い存在なのだということを，どの程度まで認めることができるかによって違ってくるのです。赤ちゃんが勝利の気分に浸ったり屈辱にまみれている様子を見ると，私たち自身の感情が揺さぶられます。けれども，そのような感情に私たちがどのように取り組んでいようとも，赤ちゃんに対しては，非常に繊細な関心を向け，注意深く扱うことが必要でしょう。

力があると感じる必要性

　赤ちゃんの人生の始まりから親が担っている役割の一つは，赤ちゃんが，自分でコントロールできることもあるのだ，と感じられる環境を提供することです。たとえば，泣けば食べ物が出てくる環境であったり，おもちゃが手の届く範囲にある環境であったり，自分には力があって，時には万能であるとさえ感じることができる環境といったものを提供することです。赤ちゃんは生まれてからすぐに，このような経験をする必要があります。それによって精神的な強さと内的な自信を作り上げることができます。たとえば，生後3カ月の赤ちゃんは授乳の最中やその後に，乳首で遊んでもよいと認められていると，とても喜びます。赤ちゃんは自分の口にそれを入れたり出したりして，欲しい時にはそれを取り戻すことができることを証明してみせます。そして多くの母親にとっては，こうしたことは貴重で感動的な瞬間でもあります。私たちは，赤ちゃんがこうした感情を経験する必要があることや，あまりに大きい欲求不満や無力感を一度には扱うことができないことを，本能的に知っています。

限界設定の必要性

 けれども，赤ちゃんは，自分の実際の力を，万能感による，めまいのするような高揚感へと転じてしまいやすいものです。赤ちゃんがどれほど強く限度を超えようとしても，私たちは，その力をむやみに許容する訳にはいかないことを，しっかりと赤ちゃんに示すことが必要となります。

 ジャックが生後11カ月の頃のことです。ジャックはテレビの上に手を置いて，母親の方の反応を期待しながら見ることがありました。母親から「ダメ」という言葉が来るのを待っているのです。「ダメ」と言われるとジャックは興奮して笑い，喜んで小躍りしました。2，3分もたたないうちに，彼は再び手を伸ばして，お馴染みの反応を待ちました。ほとんどの遊びのように，少なくともルールがわかっていることが楽しみの一部となり，毎回期待した反応が返ってくるのを見て，緊張が解消されます。

 おそらくジャックも，この月齢の他の赤ちゃんたちがするように，自分の母親が限界やルールをしっかりと示してくれて信頼できる人であるということを，確かめたかったのでしょう。そうした限界やルールを示されることで赤ちゃんは安心感を得ることができるのです。もう少し年長の子どもたちや思春期の若者たちと同じように，赤ちゃんは限界設定に対して，反抗したり，破ろうとしたりはしますが，限界設定が保たれると安心します。赤ちゃんの怒りや爆発は，どんな場合でもそのときの赤ちゃんの気持ちとして大切に扱うべきでしょう。けれども，私たち親は，赤ちゃんの気持ちが傷つかないように守ってあげる一方で，赤ちゃんがいかに腹を立て，自分がどれほど強力であると感じていようとも，私たち親は打ち負かされはしないことを伝える必要があるでしょう。ボスになることは一時的にはよいことのように感じるかもしれませんが，もし赤ちゃんが，自分には親以上の完全な力があるかもしれないと考え始めると，すぐさま不安になります。赤ちゃんには，自分のより荒々しい感情や衝動を出しても，度を越えれば止めてくれる人がいる，とわかっている安全な舞台を提供する必要があるのです。

成長を励ますこと

　より月齢が高くなるとともに，私たち親は，赤ちゃんの反応を見ながら子育てのやり方を少しずつ変えていく移行期に差し掛かります。赤ちゃんが欲しいとわかっているものを与えたり，手の届くところに持って来てあげたり，有無を言わせぬ求めに応じたり，時には注文を聞いてあげたりすることに私たち親は慣れきっています。しかし，だんだんと親が，赤ちゃんに少しずつ負担を課することが大切になってくるのです。大きくなってきた赤ちゃんは，少し自分で頑張るように励ましたりする必要があります。ハイハイを練習している時には，ボールをちょっとだけ離れたところに置いたり，おもちゃを自分の思い通りにできなくて赤ちゃんがフラストレーションを感じている時に，少しの間そのままにしておくことも必要になってきます。赤ちゃんは，私たちのことを怒ってにらむかもしれません。けれども，たいていの場合，実際に自分でどうにかできるということがわかると，そうされていることをありがたく思うものです。赤ちゃんがフラストレーションに耐えることや，ある程度の苦痛にはどうにか対応できることを学ぶのを，私たちは優しく手助けすることができます。そして，自分にはそうしたことをやり遂げる内的な資源があるのだ，と赤ちゃんが知っていくのを手助けすることができます。親の助けなしに自力で何ができるのかを見守るとき，私たちは，赤ちゃんが自分で考える喜びを感じることができるようにしてあげているのです。

　驚かされるのは，母親以外の人が，赤ちゃんのできることをほんの少し広げる役割を果たしてくれる場合が多いことです。こうした人のおかげで，赤ちゃんはお母さんから離れて，思い切って何かをやってみたり，自分ひとりで何かを成し遂げてみたり，世界に踏み出してみるように励まされます。母親は，赤ちゃんが自分の手から離れていくことについてアンビバレントになりがちで，赤ちゃんのなかの傷つきやすく弱い部分ばかりをみて赤ちゃんに保護的になるかもしれません。一方，父親は母親よりも赤ちゃんをからかったりしやすくて，父親がする遊びは時には荒っぽく挑戦的です。これらの違った役割に表れているのは，お母さんと親密で安全な状態にずっといようと

する力と、「お父さん」や第三者によって表される外の世界の魅力との間に常にある緊張関係です。外の世界は、冒険の世界、危険だけれど自立心が強くなるような世界を表しているのです。

赤ちゃんの底力

　この月齢の赤ちゃんでも、さまざまなことにかなり耐えることができ、失敗し続けても、新しい発達段階へと向かおうとする姿を目の当たりにすると、感動を覚えます。なかには、欲求不満やいら立ちにも大変辛抱強く耐えて、目標に向かって根気よく、粘り強くやりぬく赤ちゃんもいます。他方で、次の段階へと成長していきたいとはそれほど思っている様子ではなく、より気楽に構えている赤ちゃんもいます。こうした赤ちゃんは、おそらく、気質的に駆りたてられることが少ないので、完全に準備が整うまで、ほんの少し長めにそれぞれの段階に留まります。そうした赤ちゃんの親は、それぞれの新しい段階に到達して欲しいと熱心に待っていますが、赤ちゃんの方では、自分のペースで進むことに満足しているようです。

　赤ちゃんは、ものごとがうまくいかないときに気持ちを紛らわすのがとても上手かもしれません。赤ちゃんの中には、あることを自分の力ではできないとわかると、すぐに自分ができることの方に関心を向け変える子もいます。リアは生後9カ月の時に、ハイハイをしようと頑張っている様子が見られました。でもうまくいかなくて、欲求不満を起こしてやる気を失いました。あきらめて泣くよりも、手に届く範囲にあるおもちゃを急に指差して、まるでこれがずっと欲しかったものであるかのように喜びの声を上げ、それを握りしめました。同じように、赤ちゃんは一方の親とうまくいかなくなると、それを何とかうまく乗り切るために、もう一方の親や、おばさんや家族の友人、あるいは全く見知らぬ人にさえも注意を向けることがあります。

　こうした衝動はとても役立つことがあります。それは、手持ちのもので「間に合わせる」能力の始まりであり、少なくとも、難しい時期を切り抜ける能力の始まりとなります。もちろん、赤ちゃんが関心を他に向けることで、

すべての欲求不満や困難さを避けることがいいとも望ましいとも考えていませんが，ちょっと一息つくことで気持ちを立て直すことができることがあるのも確かなのです。

　赤ちゃんについて最も印象的で感動的なことのひとつは，自分をがっかりさせる物や人のことを許すことのできる能力です。あるおもちゃが，とても扱いづらくて，赤ちゃんが怒って大きな声をあげることがあっても，ほんの少しするとそれをもう一度取り上げて愛情いっぱいに抱くといったことはごく普通に起こるのです。

親の期待と同年齢集団

　親は子どもに同一化しているので，子どもの成功が自分の誇りのように思われますし，子どもが挫けると，自分の失敗のように感じられてきます。他の赤ちゃんよりも野心的な赤ちゃんもいますし，言うまでもなく，より野心的な性分の親もいて，彼らは，そのつもりがあってもなくても，子どもたちに大きな期待をします。新しい能力や到達点に向かって前進するように，赤ちゃんを追い立てていることに，多くの親は気がついているはずです。そうしたら，赤ちゃんが，同じ月齢の赤ちゃんに追いついたり，超えたりできると思うのです。たとえ，赤ちゃんがそういったことに特に関心がないようであっても，です。

　生後9カ月の時，ジョージアは，じっと座って，自分の好きな位置から動く気が全くないようでした。母親のシルビアは，母子グループに時々ジョージアを連れて行きました。そしてある時，そのグループの他の赤ちゃんはすでにハイハイをしたり，座った姿勢でお尻を振って前に動くことができるのに気がつきました。

　　私たちは足元に赤ちゃんを置いて，座っておしゃべりしていました。私が気づいた時には，他の4人の赤ちゃんはいなくなっていました。ジョージアはひとり残されて，自分の前に置いてあったおもちゃで遊んでいました。私

は突然,「私の赤ちゃんはどうしてできないの？　どこか悪いのかしら？」と,ほとんど強い恥のような感情を持ちました。ジョージアは今までと同じように楽しそうに遊んでいて,他の子がいなくなったことに気づいてさえいないと,私はわかっていました。でも,その様子は私の心を乱しました。

　おそらくシルビアは,このときの自分自身の心を内省してみると,突然自分だけが置いてけぼりになり,負け犬のような心境で,他の人たちが先に進んでいるのを見ている,という自分自身の人生の瞬間を思い出しているのに気づいたでしょう。このような反応が私たちの誰にも湧き上がる可能性があります。私たちは赤ちゃんに共感している,と思っているのですが,そんなとき,子ども時代の自分自身のある側面に共感している,と言う方がより事実に近いのだと思います。

　赤ちゃんのすべての側面を受け入れたり,それに触れ続けることは大変なことです。赤ちゃんは,私たちを支配するパワフルで傲慢な生き物ですし,同様に失敗し意気消沈してただ抱いてもらうのが必要な乳児でもあります。いばり散らす赤ちゃんの何かが,私たち自身の中にある嫌なところを突然思い出させて,いつもより苛立つこともあるかもしれません。赤ちゃんが「まとわりつくこと」に急に耐えられないと感じる時というのは,できれば思い出したくない自分自身の中にある脆さに,私たちが感づいている時なのかもしれません。赤ちゃんのパーソナリティの中にはっきりと,私たち自身のパーソナリティのある部分が見られると感じるときは,とても複雑な思いがするのに違いありません。そして,私たち自身の思い込みが強すぎて,赤ちゃんが全く違うふうに感じている可能性や,赤ちゃん独自の長所や短所があるという事実が見えなくなることもあります。

第5章
母子分離を乗り切ること

母親が仕事に戻ることと離乳

　最初の1年のどこかで，時にはそれ以降に，多くの母親は仕事に戻り，また多くの母親は母乳をやめます。仕事の時間に合わせると，もう母乳育児ができなくなるというときには，仕事に戻ることと母乳をやめることとが結びついてきます。そして，時にはその二つの決断が別々になされることもあります。この大きな変化に対する赤ちゃんの反応は，多くの要因によって違ってきます。そのときの月齢や，立ち直りやすい気質かどうか，母親や父親との関係で安全だと感じられている程度，それ以前の時期で喪失や分離をどのように乗り切ってきたのか，そして，母親以外の人たちに対して真の愛着を形成する能力があるかどうか（その準備ができているかどうか）などがその要因となります。

　もちろん，環境や母親のパーソナリティによっても，赤ちゃんの反応は大きく異なります。また，目の前の困難に赤ちゃんが取り組むのを手助けするために，母親が自分の資質や労力をどのくらい使うことができるのかによっても，大きく異なります。多くのことが，この時期，母親に求められます。赤ちゃんが伝えてきていると思われる，切迫した原始的な感情にさらされつつも，自分は適切なことをしているのだという自信を母親は持ち続けることができるでしょうか？　赤ちゃんの喪失や怒りの気持ちに共感しながら，赤

ちゃんのために痛みに耐えることができるでしょうか？　それと同時に，自分の感じる後悔，悲しさ，罪悪感にうまく対処できるでしょうか？　赤ちゃんがしばらくは惨めな気持ちになったり怒ったりしたままでいられるようにするかわりに，すぐに自分や赤ちゃんを元気づけることに向かってしまい，困難さを表面的に切り抜けようとしていないでしょうか？　特に仕事に復帰する時，ほかの人たちが赤ちゃんと密着し，授乳したり，オムツ替えをしたり，抱っこしたり，一緒に遊んだりといった親密な経験をしている様子を横目で見ながらも，今までよりも赤ちゃんと距離が離れていく心の準備ができているでしょうか？

　このように，物事の変わり目には喪失がつきものです。そして，母親と赤ちゃんの両方が悲しみ，怒り，不安を感じることなしには，この過渡期を乗り越えられません。けれども，このような感情が注意深く扱われる限り，心に傷が残るような経験にはなりません。親が自分自身の気持ちや赤ちゃんの気持ちに触れ続けることができ，その中で，赤ちゃんが自分の気持ちを受容され理解されていることを味わうことができると，赤ちゃんは，変化や喪失は辛いけれども，それは対処できるものであり，新しい機会を生み出しもするということを学んでいくのです。

仕事に戻ること

　母親が仕事に戻る時は，必ずといっていいほど，ある程度の罪悪感を持つものです。時には驚くほど強い罪悪感を持つこともあります。罪悪感の種類はさまざまです。意志に反して仕事に戻ることを余儀なくされた女性は，仕事に戻ることを自ら選び，実のところ赤ちゃんから離れた時間が少し欲しいと思っている女性とは全く違った罪悪感に苦しむことでしょう。罪の意識にうまく対処できるかどうかは，夫や親や友人，職場の同僚，留守中に赤ちゃんのことを世話してくれる人に，どのくらいサポートされているのかによっても変わってきます。こうした人たちが，ものごとを大局的に捉えるように助けてくれますし，自分が依然としてよい母親であり，赤ちゃんもそれで大

丈夫なのだ，という実感を伴った安心をもたらしてくれます。

　赤ちゃんは安らぎを得るために，母親にこれまで以上に依存する段階を経験していきます。しばしば，まるで赤ちゃんがあなたを最も必要としている時が，あなたが仕事に復帰しなければならない時であるかのように感じられることがあるでしょう。たしかに，赤ちゃんが本当に母親を必要としている場合もあります（このことについては後で述べます）。しかしここでも，分離にまつわる私たち自身の感情によって，私たちが赤ちゃんが分離に対処する様子をどう捉えるかが左右されているかもしれないのです。不安が本当に赤ちゃんに発するものかどうかを見きわめるのは，とても難しいことです。

さよならを言う難しさ

　ジェニーは，ヘレンが生後7カ月の時にパートタイムの仕事に戻りました。ジェニーにとって別れの瞬間は耐えがたいものでした。そしてジェニーは，離れる時のヘレンの反応に直面しないですむように，黙って立ち去るのが最も良いと考えました。けれども，ヘレンは母親が行ってしまったと気づくと取り乱して，1時間以上も悲嘆に暮れて泣きました。またヘレンは夜中に再び起きるようになり，余分に授乳したり，たくさん慰めたりすることが必要となりました。保育士はたまりかねて，たとえそれがヘレンを泣かせることになっても，ヘレンに直接さよならと言う方がよいと，ジェニーに伝えました。出かける時間になると，ジェニーはしぶしぶヘレンの目を見て，手を振ってさよならと言いました。ヘレンは母親が去るのを見ながらとても悲しそうに泣き，ジェニーは外で立って，泣きながらそれを聞いていました。けれども驚いたことに，2，3分のうちにヘレンは落ち着き，保育士はいくつかのおもちゃと飲み物でヘレンを落ち着かせることができました。

　娘との別れを何とか乗り切るために，おそらくジェニーは，「さよなら」を言う恐ろしい瞬間から，ヘレンだけでなく，自分自身を守ろうとしていたのでしょう。実際には，母親が出かけるのを知らされない時の方が，ヘレンはパニックを感じるようでした。どの月齢の赤ちゃんでもパターンやつなが

りや意味を探し求め，それがわかると世界は予測しやすく，ゆえに対処しやすくなります。突然の変化や不在は，準備ができていない分，赤ちゃんにとって，再び混沌がもたらされたように感じられます。いわば，もっと幼くて，ずっと困惑していたころの感じがよみがえるのです。「さよなら」という言葉をまだ理解していないまだ小さい赤ちゃんでさえも，手を振ること，抱っこ，親の声のトーンといった言葉以外の手がかりによって，母親が出かけようとしていることを驚くほど即座に理解します。別れと再会についてきちっと伝えることを続けると，赤ちゃんは，自分のペースをつかみやすくなります。というのも，別れの苦痛に慣れてきますし，お母さんが帰ってくることがわかってきて，安心感がますます強まってくるからです。

　ほとんどの赤ちゃんがそうですが，おそらくヘレンの場合も，母親の不在をなんとか乗り切ることができたのは，母親の前で直接怒りや苦痛を表現する機会を与えられ，それによって，自分がどう感じているのかを母親が理解してくれて，自分だけで対処させようとはしていないことがわかったからでしょう。母親の方が，赤ちゃんの表現する感情に対処するのが難しいかもしれません。特に心が激しく動揺している時に，そっと立ち去りたい衝動に駆られるのは無理もありません。荒れ狂う気持ちを避けるよりも，それに立ち向かう勇気を奮い起こすことができれば，私たちだけでなく赤ちゃんにも，難しいけれどもとても大切なことをやり抜くチャンスがもたらされ，その結果として，まあなんとか乗り切れるものだ，ということを発見するでしょう。そして赤ちゃんも，自分たちの親が，怒りや混乱といった強力な感情に持ちこたえることができるとわかって安心します。つまり，親子にとって難しいことがあるときであっても，親が赤ちゃんの気持ちを受け入れて理解しようとしていることがわかると，赤ちゃんはほっとするのです。

母親は拒否されていると感じるときがある

　ショーンの母親のクレアは，ショーンが生後8カ月の時にパートタイムの仕事に戻りました。仕事をするのは楽しかったのですが，ショーンから離れ

なければならない時はとても不安でした。それに，仕事に戻ることがショーンに与える影響をめぐって，罪悪感でいっぱいになりました。実際にショーンは，クレアが離れるときには取り乱しました。とはいえ，新しい保育士とは楽しく過ごしていました。クレアは，母乳をあげるのがあまり楽しいと感じていなかったので，ショーンが生後4カ月の時に母乳をやめましたが，このことについて，いつも罪悪感を持っていました。ショーンが離乳食をとり始めた時には，「罪ほろぼし」のよい機会だと考え，時間をかけてショーンの好きな食べ物を調理したので，食事は二人共に楽しめる特別な時間になりました。

仕事に戻って1週間後，クレアは，ショーンが以前は好きだった食べ物から顔をそむけるのに気づきました。

　　ある朝，ショーンが大好きだったパースニップとサツマイモの料理を作りました。はじめの一口をあげた時には，ショーンは待っていましたとばかりに口を開けました。ところが，その食べ物を味わうとすぐに，顔をしかめ，ショックを受けた表情をして，まるで今までで最もひどい物を食べているかのように顔をそむけました。ショーンは表情を次々と変えながら，しばらく噛んでいたのですが，その様子には，ひどくはらはらさせられました。私は立ったまま待ちながら，「好き？　嫌い？　好き？　おいしい？」と言っていました。彼はにっこりと笑い，幸せそうに喉をクックと鳴らしました。私はほっとしましたし，もう大丈夫と思えました。けれども，数分後に突然，ショーンは私の顔めがけて，口の中のものをプーッと吐き出しました。ショーンがわざとそうしたように私は感じました。その後もショーンに食べさせようとしましたが，食べようとせず，私はどんどん惨めな気持ちになりました。最終的には手作りの料理を食べさせることをあきらめて，びん入りの既製品を与えましたが，打ちひしがれた気持ちでした。

食べ物を巡るこのちょっとしたやりとりからわかるのは，母親と赤ちゃんにとって，変化や分離の機会が増えることに対処するのは，とても難しいことであるということです。ショーンは母親に対する複雑な気持ちを整理しようとしているみたいです。最初は母親のことをちょっとからかっているよう

でした。食べ物に対して反応したりしなかったりしたことには，遊びの要素が含まれています。ショーンはこうして，食べるかどうかを母親に推測させ続けたのですが，母親の期待を高めておいて結局食べ物を口から吐き出したのです。おそらく彼は自分の怒りの感情が母親に伝わるかどうか試したのでしょう。

　母親のクレアは，打ちひしがれ，深く悲しんでいるようです。おそらく，いつもショーンと一緒だった最初の頃の親密さを失うことを受け入れがたく思っているのでしょう。クレアが傷ついた様子を見せると，ショーンは，相手に衝撃を与える，とっておきの手段を見つけだしたかのようになりました。よちよち歩きの子どもや10代の若者たちはもちろんのこと，赤ちゃんであっても，肯定的であれ否定的であれ，親からの反応を得るための的確なスイッチを見つけることができることに驚かされます。それに加えて，自分の力に魅了されているかのように，そのスイッチを押し続けることにも驚かされます。

　赤ちゃんが母乳を拒絶した時に母親が打ちのめされるのと同じように，クレアは自分が作った離乳食をショーンが拒絶したとき，打ちのめされました。その時に意識していなかったかもしれませんが，クレアが仕事に戻ったことを深く気に病んでいたと思われます。クレアには，ショーンが自分のことを怒っているのではないかと心配するところがあったのだろうと思われます。あるいは，自分はショーンをとても苦しめているとか，ショーンは決して許してくれないだろうと心配するところがあったのだと思われます。そういった心配があったために，ショーンが彼女の作った料理を喜んで食べてくれることが重要だったのです。なぜなら，ショーンが彼女の手作りの料理を喜んで食べてくれることは，まだショーンが彼女のことを愛していて必要としているサインだと考えられるからです。

　どの赤ちゃんや幼児もそうですが，ショーンにとっても，母親を打ち負かすことが最初は楽しいことに思えました。けれども，それはとても心配なことでもあって，場合によっては，その心配が表面に現れてくることもあります。その日の午後のことです。クレアがおむつを替えていると，ショーンは

目を伏せて，落ち込んだ表情を見せました。彼はおもちゃで自分の顔を叩いて，激しく泣きました。クレアは彼をなぐさめることができ，二人はよい関係をとり戻しました。こういったことはよくあることですが，ショーンが自分を傷つけて明らかに母親のなぐさめを必要とするというようなことがあると，クレアは母親としての自信を取り戻し，自分が愛され必要とされていると確信できたのです。

罪悪感の影響

　自分がしてしまったことでショーンが苦しんでいるわけではないと完全に確信が持てる時には，クレアは，息子が苦しんでいるのを見ていることも，彼を慰めることもしやすかったと思われます。この時期，ショーンに苦痛を与えているのは明らかにショーン自身でした。仕事への復帰や離乳などについて母親が罪悪感を持っていると，赤ちゃんの様子を見ることがあまりできなくなり，実際の様子とは関係なく，赤ちゃんが怒っているとか，失望していると見がちです。こうしたときには赤ちゃんに「非難された」と感じやすく，罪悪感がのしかかっているために，普段なら慰めを与えることはできるのに，そうすることが難しくなります。また，どんな批判や軽い敵意にも耐えるのは難しく，被害的に感じるようになります。ショーンは，母親に怒りを向け，からかってはいるものの，その裏ではそれまでと同じように母親のことを深く愛しています。そして，やりすぎるところがあるにしても，母親には，自分が深く母親を愛していることをしっかりと忘れずにいてくれることを必要としているのです。
　このような気持ちが大きく動揺する状況に囚われてしまうと，そのときそこで何が起きているのかをすぐに推測することはほとんどできませんし，ましてや，事態を修正しようとすることは不可能です。親がどっしりとした気持ちを持っていて，ある程度自分に自信がもてている時には，赤ちゃんからのちょっとした敵意や拒絶，あるいは強い敵意や拒絶であっても，親の宿命としてみることができ，まじめに受け止めはするものの，あまり深刻には受

け取らなくてもすみます。そうなると，赤ちゃんには，親は自分の気持ちを受け止めてくれるけれども，それでひどく傷つかないということ，つまり限界設定による守りはいまだに損なわれていないということがわかってきます。

しかし，親が自分に自信が持てず，罪悪感があったり落ち込んでいたりする場合には，拒絶はまったく新しい意味を帯びてきます。赤ちゃんが急に私たちに対して大きな力を振るっているように感じられてくるのです。これは，赤ちゃんにとっても，親にとっても心配なことになります。場合によっては，親が大人の見方を取り戻すために，あるいは状況を和らげるために，第三者の援助が必要なこともあります。とはいえ，このように怒りと愛情とが入り混じった気持ちの波を経ていくことは，まさしく関係が深まるために欠かせないプロセスなのです。とくに分離への移行期は，赤ちゃんも親も，お互いから離れて前に進もうと挑戦し，新たな分離をなんとかしのぎ，湧き起こってい来る悲しさや怒りをなんとか克服しようとしているときなので，ある程度の葛藤や誤解は避けることができないのです。

託児の不安

誰かほかの人，特に家族以外の誰かが赤ちゃんの生活の中心的な人物になることは，多くの親たちが思っているよりも難しいことかもしれません。赤ちゃんにとって適切だと思える保育を選ぶことには，とりわけ赤ちゃんがまだ小さい時には多くのストレスと苦痛が伴います。

ジョイは生後8カ月の赤ちゃんを週に1度ベビーシッターに預ける時，どのように感じたかについて次のように述べています。

> そのベビーシッターはとても優秀で経験もありました。それでも私は，彼女が息子を落としてしまうのではないかとか，事故にあわせるのではないかと一日中心配していました。彼女が息子に離乳食を与えるのに耐えられず，彼女が身体によい食べ物を与えてくれているのか確信できませんでした。それで私は，時間がかかっても，彼の離乳食を自分ですべて用意しました。ベ

ビーシッターは，離乳食は自分が作るから大丈夫だ，とずっと言っていましたけれど。しばらくして，私は息子をベビーシッターに預けることがうまく行っていないと思うようになりました。彼女は経験豊かでとてもよい女性でしたが，彼女に息子を預けることは決して安心できませんでした。しばらくして，私は息子を保育園に入れて，それによってすべてがずっと楽になったように思いました。

　赤ちゃんから離れることについての罪悪感が，赤ちゃんを預ける人に対する不安に転移されることがあります。私たち親は，赤ちゃんが自分たち以外の誰かと親密な関係を作るのは赤ちゃんのためになる，ということを受け入れたくないと感じることがあります。その人たちが自分たちと違うやり方でいろいろする場合はなおさらです。ジョイの場合もそうですが，母親の中には保育園のように親密度の低い環境に預ける方が楽だと感じる人たちもいます。そこでは，心の底にある「代理母」に対するライバル心やアンビバレントな気持ちがあまり顕わにならないのでしょう。
　夫や自分の母親といった気心の知れた誰かに赤ちゃんを預けることのできる幸運な母親ならば，かなり穏やかな気持ちで赤ちゃんを預けることができ，赤ちゃんがその人たちと楽しんで過ごすことを容認できます。どんな種類の託児を選ぼうとも，安心して預けることができると心から感じることができれば，赤ちゃんはそのことを感じ取って安心します。つまり，すべての関係者にとって，分離のストレスは少ない方がよいということです。

母親が恋しいと思う経験をさせていくこと

　母親の中には，赤ちゃんが新たに世話をしてくれる人になついていき，彼らの前に開かれてくる新しい機会を楽しんでいるということを，認めがたく感じる人たちもいます。赤ちゃんとの独占的な関係をあきらめることは痛みを伴い，赤ちゃんが愛情をさまざまな人に向けることに寛容でいるのは難しいことです。一方で，赤ちゃんから離れることを巡って罪悪感や不安があると，赤ちゃんが，保育士や保育園や親戚たちと一緒にいて楽しく感じてはい

ても，やはり母親がいないことを意識していて，赤ちゃんにとって母親の不在は辛いところがあることを見過ごしてしまう，ということも同様にみられることです。赤ちゃんは，昼間には苦痛のサインを示さないかもしれませんが，寝る時間のような別の分離の時に，とたんに不安になったりするようです。あるいは，ショーンのように，母親が仕事に復帰するころになって，急に母親の作った料理を拒否することもあります。仕事帰りの母親に対して，保育士と一緒の方がいいといった態度をとって，見た目には無関心でいたり，つまらなそうに迎えたりする赤ちゃんもいます。

　こうした赤ちゃんの様子と，実際には母親がいなくてさみしく思っているという事実とのつながりを，私たちはいとも簡単に見逃してしまいます。とくに，私たちが，赤ちゃんは新しい生活を満喫していると信じずにはいられないときには，見逃しがちになります。実際のところ，赤ちゃんはおばあちゃんや保育士と，あるいは保育園で楽しく過ごすことができますが，母親がいなくてさみしく思ってもいて，そのことはいろいろな様子からうかがい知ることができます。母親から離れている間，自分のことをしっかりと保つことができる赤ちゃんもいますが，それはおそらくそのとき与えられたものでまにあわせることで動揺した気持ちにふたをしているのです。さらに，母親と再会した後もそういった様子がしばらく続いたりもします。赤ちゃんが気分を切り替えて，再会するたびに喜びいっぱいで抱きついてきて迎えてくれることを期待するのは，高望みでしょう。ほとんどの赤ちゃんの場合，内心どれほど気持ちが沈んでいたかを母親に見せても安心だと感じたとたん，嵐が吹き荒れます。沈んだ気持ちは，母親の腕の中にとびこむこととして表現されることもあれば，家に着くまで蹴ったり泣き叫んだりという形で表現されることもあります。

　もちろん，母親が仕事に戻ることによって，赤ちゃんが自分では対処できないような緊張状態に置かれるということもあります。おそらく，赤ちゃんが母親なしでまだやっていけない時に，母親が仕事に復帰することになったのでしょう。あるいは赤ちゃんが対処できる時間よりも，母親が仕事でいない時間の方が長くなっているのでしょう。ここで大切なことは，赤ちゃんに

何が起こっているのかについて目をそらさずにいながらも，赤ちゃんに何ができて，何ができないのかを注意深く観察しつづけることです。そして，もし赤ちゃんに必要であれば，計画を変えることです。明らかに，女性の中には経済面や，仕事の契約による拘束の厳しさに直面していて，自分たちにとっても赤ちゃんたちにとっても，理想からはほど遠い状況を続ける以外の選択肢がない人たちもいます。これは辛い状況です。この状況の中では，赤ちゃんの感情に触れ続けて，できるだけ細やかに援助することが難しくなる一方で，逆にそのような援助がより一層重要となってきます。赤ちゃんにとって必要であれば，労働時間を少なくしたり，託児方法を変更したりして，ゆとりのある仕事復帰を求めて交渉しなければならないだろうとわかっていれば，仕事に復帰する女性にとって仕事復帰のプロセスは怖れるに足りないでしょう。

　仕事に戻る間，そして特に仕事に戻るまでの数週間の間には，いろいろなことが混乱して感じられ，母親と赤ちゃんのどちらとも不安が膨らむことでしょう。物事が落ち着くまでにある程度の時間がかかることもあります。一方で，物事がバランス良く進んでいる場合，仕事を楽しむことのできる女性であれば，赤ちゃんと少しの間離れることによって，赤ちゃんのことをより理解できるようになったり，育児が楽しくなったりするのを発見するでしょう。

母乳をやめること

　仕事に復帰することに関する多くの事柄は，母乳をやめることとも関連しています。多くの母親にとって，母乳をやめることには特有の苦しさがあります。

　母親はしばしば，母乳をやめると，赤ちゃんの愛情の中で自分が占めている特別な場所が失われるのではないかと恐れます。中には，赤ちゃんにとって重要な，慰めや親密さ，そして安全の源である母乳育児をやめることで，赤ちゃんを苦しめることになるのを恐れる母親もいます。母乳で育てること

は，赤ちゃんが抱っこされ，授乳され，安心し，愛されるという早期の経験を象徴するものであり，この時期の赤ちゃんの人生と母親を結びつける特別なものであるとしばしば考えられています。母乳をやめる時は，まるで赤ちゃんの人生の貴重な部分とのつながりが永久に失われてしまうように思われます。その上，母乳育児を通して慰めや親密さや愛情を受け取るという経験をするのは，赤ちゃんだけではなく，母親もそうなのです。それをあきらめると考えることは，母親にとって，大きなつらい別れのように感じられるものなのです。

　母乳をやめることを決断するのは，仕事に戻るためであったり，ほかの実際的な理由によることがありますが，ときには，母親にとっても赤ちゃんにとっても丁度良いタイミングであるからという理由で決まることもあります。こうした場合に，私たち母親は，赤ちゃんに対して，慎重に，けれどもきっぱりと母乳での授乳を終えるときが来たのだと知らせる必要があります。なぜなら，もしも赤ちゃんの気持ちを傷つけるのではないかと用心深くなりすぎていると，要求や欲求には限りがあることを赤ちゃんがわかっていくには親の手助けが必要なのだという事実を忘れてしまいかねないからです。赤ちゃんの方から，もう十分だとか，やめる準備ができていると，教えてくれることはありません。もし，これでよいと感じる以上に母乳での授乳（あるいはその他なんでも）を続けて，母乳をやめるという恐ろしい時期を延期するとしたら，長い目で見た場合には，母親自身にとっても赤ちゃんにとっても，あまりよいことをしていないことになります。赤ちゃんは，自分が母親から欲しいだけ奪い取ることができることを恐れ，さらに母親に「ダメ」と言う強さがないことを恐れているため，そう感じたときには，すぐに自分が強い力を持っていると感じます。私たちが自分たちの設定した境界を守りつづける勇気を持つことは，赤ちゃんには助けになります。そうすることで，赤ちゃんと一緒に変化や喪失に耐えることのできるほど十分な強さをもった母親に支えられ，赤ちゃんがそうした変化や喪失に対処していくことを経験を通して学んでいくのを，私たち母親は手助けすることができるのです。

　その対極に，離乳の影響を過小評価する母親がいます。おそらく，そうい

う母親は赤ちゃんや自分たちの喪失感に無感覚になり，離乳が赤ちゃんや自分たちにとって意味があるとは考えないことを好むため，それをさっさと終わりにしてしまうのでしょう。そのような母親たちが，母乳をやめるという状況を，そのようなやり方で乗り切るのは，その方が対処しやすいし，赤ちゃんにとってもその方が楽だと思うからでしょう。表面的には，これはよい方法のように思えるかもしれません。けれども，またしても，それによって赤ちゃんは自分自身のことを深く知っていく機会を逃してしまいます。もしも赤ちゃんが，自分にとって本当に意味のある方法で，この移行に伴う苦痛や複雑な気持ちをなんとか乗り越えることを手助けされれば，次に赤ちゃんが喪失や別れに出会ったときには，それらを理解したり対処しやすくなるのです。

先に進んでいくことの利点

　母乳育児の終わりは肯定的な側面も持っています。家族の他のメンバーは，母親と赤ちゃんの排他的な関係があまり目立たなくなることに，ほっとするかもしれません。それによって父親，きょうだい，そして祖父母も子育てに参加する機会が増えます。母親は，自分の身体が再び自分のものになり，人生の中の子育て以外の部分を取り戻すことができ，さらに赤ちゃんとの関係が次の段階へと進んでいくことにしばしばほっとします。母親の中には，離乳後に赤ちゃんが実際に以前よりも愛情を向けてくれるようになったと感じる人たちもいます。ある母親は，離乳するとすぐに，1歳の赤ちゃんが彼女にキスをするために近寄ってくるようになった，と述べました。これは授乳中には決してしなかったことでした。おそらく離乳していく赤ちゃん自身も，先に進んでいく準備ができていれば，悲しみを感じながらも，離乳ができる自分にほっとしたり，誇りをもったりします。

　赤ちゃんが離乳した後でも，ほとんどの母親は何年もの間，赤ちゃんに母乳を与えていたという記憶を大切に心に持ち続けます。そして，それは子ども自身が母乳育児をされていたという記憶がなくなった後も長い間続きます。

ジョーは離乳した後の4年間、母乳育児をしていたという記憶がいかに強く残ったかについて述べています。

> 母乳をやめた時、信じられないくらい悲しく感じました。実際に私は、赤ちゃんよりも心がかき乱されたのでしょう。それを乗り越えるのにかなりの時間がかかりました。けれども、今でも娘はジュースをコップからごくごく飲みながら、特別に集中した目で私のことを見つめたり、フォークいっぱいに盛った食べ物に、授乳していたときのように口を近づけます。その様子を見ると、娘の中に母乳をたっぷりと飲んでいた赤ちゃんをふたたび見出します。私は胸がいっぱいになり、決して戻って来ることのない赤ちゃんをふたたび見ているように感じるのです。そのあと、あの赤ちゃんはこの美しい子どもになったのだと感じ、娘も大きくなったものだな、と誇らしく思います。

その子が乳児だった時の記憶を親が持ち続けることは、子どもにとっては大切です。それは、今の子どもの様子とかつての子どもの様子の両方を見ていることだからです。十分にわかってもらい、母親の心の中に抱かれているという経験があると、子どもは、赤ちゃん的な自己から離れて発達していきつつも、自分自身がまとまっていて安全で理解されていると感じることができるのです。そして無意識のレベルでは、子どもは心のどこかに早期乳児期の無力感を常に持ち続けていながらも、母親の胸に抱かれて授乳されていた安らぎや親密さを含んだ、かつて赤ちゃんだった時のよい経験の記憶も持ち続けます。離乳することに苦しんでいるとき、次のように考えると慰められるのではないでしょうか。つまり、赤ちゃんが、愛され養われるということの意味をしっかりと理解し、人生に待ち構えているどんな難題であろうとそれに取り組むことができるのは、こうしたよい経験の記憶が赤ちゃんの心のどこかに保たれているからである、と。

仕事に戻るとか離乳するといった変化にあたって、赤ちゃんは、私たちが負わせている苦痛に耐えることができないのではないか、と私たちは恐れがちです。けれども、絶望的になっていたり、激しく怒っていた赤ちゃんであっても、朝には起きて私たちににっこりと微笑むことができるように、喪失

と分離をうまく乗り越えられた場合には，満足感と喜びがあるものです。そうしたときに母親と赤ちゃんの二人ともが，ある達成感をもって，そこから抜け出ることができたとわかります。つまり，愛情は依然としてそこにあり，怒りやパニックあるいは悲しみの中でも何とか生きながらえた，ということがわかるのです。おそらく私たち自身も赤ちゃんも，自分たちがそう思っていた以上に強いのでしょう。

おわりに

　生後1年目の終わりともなると，小さくて，あたたかくて，やわらかい赤ちゃんはもはや私たちの腕の中にはいません。それまでの赤ちゃんは，ほとんど私たち親の体の一部であり，とても穏やかで，私たちのことを信用しきって，肩に顔を乗せて眠ったり，私たちの体に自分の体をぴったりとあわせていました。そのような早期の親密さは，より複雑でより深い関係へと道を譲ります。今や私たちは，たまらなく愛らしく，尊大で，不屈で，腹立たしい小さな人に向き合っています。私たちはその小さな人に対して圧倒的な愛情を感じますが，その人はそれまでのようには，私たちのものではなくなります。その小さな人は，よちよち歩きの幼児になろうとしているのです。
　1歳児は，生まれたばかりの赤ちゃんと随分違っているように見えます。もはや無力さやパニック，あるいはこの上ない満足感という衝撃に曝され続けているわけではありません。しかし，こうしたより原初的で乳児的な感情は完全には消えていません。そうした感情が幼児期の早期に再びわきあがることも時にはありますが，乳児期から離れるにつれて薄れていきます。赤ちゃんが大人になるころには，生々しい形でこのような感情に再び出会うことはとても稀になっています。おそらくそうした感情に再び出会うのが，自分自身に赤ちゃんが生まれてくるときかもしれません。

第Ⅱ部
1歳の子どもを理解する

サラ・ガスタヴァス・ジョーンズ

レベッカとマシューのために

謝　辞

　私にさまざまな考えや経験を教えてくれた多くの親御さんや友人たちに謝意を表したい。そしてなによりも，幼い子どもたちに感謝したい。彼らの話が，本書の執筆を可能にしたのである。

はじめに

　最初の1年が終わりました。赤ちゃんは，新生児として生まれて以来，たくましい1歳児へと日に日に成長していくという途方もない旅をすでに辿ってきました。振り返ってみると，そのような成長がどのようにして起こったのかを知るのは，必ずしも容易なことではありません。
　ある母親が，息子のサイモンが生まれてからの1年間について，まるで夢のようにぼんやりとかすんだものであったと話してくれました。その1年間は，ときに静かで深い喜びに満ちた至福の瞬間がありましたが，休む暇もなく動き回り，強烈な感情の洪水に圧倒されていたそうです。また，睡眠はほとんど取れていなかったのです。幼い赤ちゃんの要求が，あらゆる物や人を支配しているかのように感じられることがあります。そして親はしばしば絶望的な気分になります。母親と赤ちゃん間の濃密な関係は，初めのうちはヘトヘトに消耗させられる関係となるわけですが，それは，いたいけな新生児が身体的・情緒的に生きのびるために必要不可欠なものなのです。赤ちゃんはいつでも，抱かれ，授乳され，オムツを替えてもらい，あやされる必要があります。赤ちゃんが寝ている時には，周りの人たちもしばしば一緒にヘトヘトになって，疲れて倒れこんでしまいます。この仕事にかけられる情緒的なコストは，予想していたよりも常に高くつきますが，それは世界で最も骨が折れると同時に，最も実り多い仕事なのだと思います。
　1歳にもなると，赤ちゃんは未だ身体的にも情緒的にも他者に大きく依存してはいますが，挑戦することや要求する内容が変化してきます。一日中つきっきりで全力でするような濃密な世話は，もはや（少なくとも四六時中

は）必要ないかもしれません。しかし，赤ちゃんのことを理解し，役に立つ形で関わるために奮闘することは，1歳児の親や養育者が直面する，魅力的で限りなく興味深い仕事であることに変わりありません。この仕事は，誕生時に始まる情緒的プロセスを背景として生じ，赤ちゃんが養育者と分離していても自分を守ることができる独立した人間へと成長するまで，ずっと続きます。

　サイモンが初めての誕生日を迎えた時，母親は自分のことを単に「サイモンの母親」であると感じるよりも，自分自身であると再び感じ始めたそうです。彼女はサイモンのことを深く愛していましたし，自分に与えられた新しい役割を楽しんでいましたけれども，彼女自身の生活に戻っていけるという見通しをかすかにでも得ることができたのは喜ばしいことでした。母親が話している間，サイモンは母親の横で床の上に座って，誕生パーティーに集まってくれた人たちの表情や行動に心を奪われていました。サイモンもまた，母親との濃密な関係の外にあるものに，独立した興味を抱き始めているようでした。母親の傍という安心できるところにいるサイモンから見ると，世界はますます魅力的なものなっているようです。

　さて，1歳児にとって，世界はどのように見えるのでしょう？　そして，赤ちゃんがさまざまなことを説明する言葉を持たないとき，私たちは，赤ちゃんをどうしたら理解することができるのでしょうか？　この難問は，T. S. エリオットが，『アニムラ（Animula）』（1929）という詩の中で，赤ちゃんの心の中に入るという想像をした際につきあたったものでした。エリオットは，不思議さや驚きで自分を満たしてくれるものを発見しながら，小さな幼児へと成長していく赤ちゃんの姿を描いています。

　時折私たちは，あまりにもピッタリなので思わずその場に立ち止まってしまうほど，自分自身の体験を要約してくれているものに出会うことがあります。私たちが，本を読んでいたり，ラジオや音楽に耳を傾けていたり，芝居や映画をみていたり，画廊を訪れたり，誰かと親しく会話したりしているとします。そのような時に突然，誰か他の人の表現や知恵や想像によって，自分自身の中核的なところが捕まえられるのです。私たちは，他の誰かの体験

を通して，自分自身の体験を再体験する機会を与えられ，その結果，それについてより深く味わうことになります。その感覚は，あまりにも深い満足を与えてくれるものであるため，ほとんど言葉になりません。理解されるという体験は，私たちを自分自身のパーソナリティに根づかせ，自分自身になっていくことを助けてくれることであり，人格に深みを与えてくれることのようです。

　親が赤ちゃんの身体的なニーズに注意を向けるだけでなく，赤ちゃんの気持ちを理解しようと奮闘し続けるのは，そういった理由からなのでしょう。それは，目の前にいる現実の赤ちゃんを理解していくことに関心を向けていくことであり，そうする中でその子のパーソナリティができる限りすくすくと育っていき，その子に潜在的に備わっている力が十分に伸ばせるようになってほしいと思っているということなのです。それは理想化されたものでも感傷的なものでもなく，愛情に基づいたものであり，いい体験であろうと悪い体験であろうと，赤ちゃんの体験がどんな体験をしているのかを，本当の意味で考えていこうとすることなのです。このように赤ちゃんを理解しようとすることは，赤ちゃんの人生やパーソナリティにおいて，何が真実で現実であるかを認識していくことと結びついています。それは，赤ちゃんを理解すること，そして，時間をかけてじっくりと，赤ちゃんが自分自身を知り，より自分自身になっていけるように援助していくことへとつながっています。親や養育者は，赤ちゃんの世界においては潜在的には芸術家なのです。子どもを理解しようと努力し，ときには，それがうまくいく中で発揮される創造性は，子どもばかりでなく，大人をも豊かにし，充足させてくれるのです。

第1章
すばらしき新世界

会話はどのようにして始まるのか？

「いつ頃から娘さんのアイーシャに話しかけ始めましたか？」と聞かれた際，母親は一瞬考えてから，「彼女が生まれる前からでした」と答えました。お腹の中にまだアイーシャがいたころ，母親は，お腹の中ではっきりと彼女が活発に動くのが分かり，お腹を撫でて「どうしたの？」と尋ねたものでした。そうすると，アイーシャの動きは止まり，母親が話しかけている間，その声に「聞き入って」いるようでした。母親が話したりお腹を撫でるのを止めると，活発な動きがまた始まり，母親が話しかけ撫でるのを再開すると，その動きは止まりました。この相互的な「会話」は，妊娠の終わりの2，3カ月の間ずっと，母子の夕方の日課のようになっていました。

そのあと，アイーシャの母親は，出産のために入院したときのことを思い出しました。はじめのうちは順調だったのですが，突然アイーシャの動きがまったく見られなくなったのです。分娩の経過が順調に進まなくなったので，助産師は母親に，赤ちゃんに語りかけ，出てくるように励ますことを勧めました。「外はすばらしい世界だし，怖がらなくてもいいのよ。新鮮な空気が吸えるし，もっと大きくなれるよ」。そのように話しかけていると，アイーシャと母親の間の会話は再開し，その後分娩はうまく運んだのです。

このエピソードは，奇想天外に聞こえるかもしれませんが，多くの親に驚

第1章 すばらしき新世界　111

くほどよく知られていることでもあります。とりわけ母親たちは，しばしば本能的に，赤ちゃんとの「会話」を始めます。このような文脈で考えると，1歳児にとって，言葉の展開や，言語の発達とはどのようなものだと考えたらよいのでしょうか。

アイーシャのケースでは，母親が娘の活発な動きに対してお腹を撫でることで応えた時に「会話」は始まりました。同時に，「どうしたの？」といった問いは，アイーシャについて母親が考えたことも示していました。つまり，母親は胎児の気分を理解しようとし，胎児を落ち着かせようとしたのです。アイーシャのコミュニケーションは母親の理解によって受けとめられ，母親の言葉によって包まれ，愛撫によって慰められるという形で，包容されたのです。双方が交代でコミュニケーションを行い，相手の番になったときには静かに待って，相手の言うことを聞いているように見えます。この「かわりばんこ」は，アイーシャの母親の主導によって行われ，まるで会話はこんなふうにするのよ，と胎児に示しているかのようでした。この段階においては，「聞いて，理解しようとして，それに応える」というリズムが，言葉そのものよりも重要であるようでした。

同じようなことが，ルイーズの母親からも語られました。生後3カ月の時にルイーズは，母親が一息つくために，週に2時間ニナというスペイン人のベビーシッターに預けられました。ルイーズがそわそわし，母親をもとめて寂しがっているようにみえた時，ニナは自然とスペイン語でルイーズに話しかけていたそうです。ニナの英語はとても上手だったのですが，そのときのルイーズには母語で話しかける方がより自然なことのようにニナには感じられました。その語りかけはルイーズを落ち着かせ，喜ばせたようでした。

このような早期の段階においては，言葉の内容ではなく，共感的な温かさや会話のトーンといったもの自体が，赤ちゃんに対して思いのこもった関心を向けているということを伝えるのです。それは，赤ちゃんに働きかける大人の心の状態を表しているように思われます。つまり，赤ちゃんがどんな体験をしていようとも，その体験を抱えることへと開かれている心の状態と関係しているように思われます。人は，みな心の中にこうしたことを成し遂げ

る内的な資源をもっています。こうした内的資源とのつながりを持っている親や養育者は、赤ちゃんの体験を、ニナがルイーズにしたような会話で、抱えることができるのです。おそらく母語はそういった内的資源に密接に関連していると思われます。数カ月が経ち、1歳の誕生日が近づくと、ルイーズにとって言葉の意味の方がだんだんと重要なものとなっていくかのようでした。そして興味深いことに、その頃には、ニナはスペイン語よりも英語でもっと話しかけたいと思うようになっていたのだそうです。

　このように、多くの親や養育者たちは、まだ言葉のしゃべれない赤ちゃんに対して話しかけることの価値を、確信しています。親たちは、オムツの値段や台所のシンクの詰まりをとる方法などについて長々と親しげに話していると、要所要所で、赤ちゃんが、声を上げたり、喉をゴロゴロ鳴らしたり、微笑んだりすることがあったというエピソードを話します。親たちは、赤ちゃんが言葉を使って話せるようになるよりもずっと以前から、仲間に入ろうと積極的に望んでいると断言します。このように一度にいろいろなことをしていても大丈夫な上に、そうしていることで赤ちゃん自身も楽しそうにしているというのは、ありがたいことです。もちろん1歳児は、その会話が退屈になってくると、それを知らせてくれます。その場合でも、言葉は必ずしも必要ではないのです。

　会話においては、交代で話す必要がありますが、そのタイミングや、さまざまな語彙を身につけることといった、会話の技術を定める基本的なルールについて学ぶことは大事なことです。けれども、赤ちゃんにとって、会話において最も重要なことは、情緒的に包容してくれている存在が感じられるということです。小さな赤ちゃんにとっては、慰めが必要な時、母親の腕に抱かれることに代わるものはありませんが、1歳児ともなれば、多くの子はある程度の時間、単語や文章で情緒的に抱えられることが可能になります。こういった友好的で交流的な音声や言葉によって心理的に抱えることは、非常に重要で、限りなく意味深いものです。赤ちゃんは、そこで交わされている「会話」によって、自分が情緒的に抱えられていると感じるだけでなく、言葉が体験を包容しひとまとめにしてくれることも少しずつ理解していきます。

赤ちゃんは，すべての言葉が意味するものを理解していなくとも，言葉は意味を持ち，他の誰かの心の中で情緒的に包容され抱えられる体験と関係しているというメッセージを受け取っていくのです。

初　語

やがて，初めての言葉が発せられる時がやってきます。話し始めるのが早い子もいれば，遅い子もいますが，一般的には，初語が発せられるのは1年目の終わり頃です。発語ができるようになっていく中で，試行的な「喃語」の期間が大切な意味を持ちます。この期間に，赤ちゃんは「ブブブブブ」とか「ダダダダダ」とか「マママママ」というように，一連の音を発してつなげ，それと戯れ楽しんでいるように見えます。しばしばこれらが最初の音声であり，ほどなく「ママ」や「パパ」といった言葉に変化します。

ベアトリスの母親は，ベアトリスが初めてはっきりと言った言葉が，ママやパパではなかったと話しました。ベアトリスの初めての言葉は，1歳の誕生日頃に話された「鳥（バード）」や「いい子（グッドガール）」という言葉でした。「鳥」という言葉は，ベアトリスと母親にとって，とても重要な言葉でした。というのも，ベアトリスにとっては初めての夏，親子は庭に敷いたマットの上に座り，鳥たちを眺めながら，鳥たちについて長い「会話」を交わして過ごしていたからです。母親は大喜びし，来る日も来る日も，さらに新しい言葉が話されるのを楽しみに待っていました。しかし起こったことは正反対で，ベアトリスはその後の2カ月間，喃語に舞い戻ってしまったのでした。言葉は出かかっているようでしたが，その段階ではまだ，言葉を使って進んでいくのに，よいタイミングではないと，ベアトリスには感じられていたのかもしれません。彼女が再び「鳥」と言ったのは，母親が傍にいた時，祖母に向かってでした。彼女が14カ月ごろになると，今度は，「鳥」という言葉は，「牛（カウ）」や「ランチ」といった，他の新しい言葉の出現とともに発せられました。それはまるで，言葉を使う準備が整ったと感じた時に使うことができるよう，語彙を自分の心の中に徹底的に溜め込んでいたかのようでした。

1歳児にとって，一歩一歩の前進は，一定の代価がかかるものです。言葉の世界は喜びをもたらし，それによって私たちは，他の人たちとすばらしく豊かに結びつくことができます。しかし，他者と新しい結びつき方をすることは，母親‐赤ちゃん間の最初の濃密な結びつきからは離れていくことでもあります。それは認知的な跳躍であると同時に，情緒的な跳躍でもあり，赤ちゃんは自分なりのペースで跳躍する必要があります。ベアトリスにとって，言葉は，母親からより安全に分離して他者とのやりとりを始めることができるための，成長しつつある能力を表していたようです。彼女は，言葉を使用するための情緒的な準備ができるより前に，認知的な準備ができていたように思われます。

　そのため，初めて言葉が発せられる時，赤ちゃんによっては，その言葉がとてもたどたどしいものであることがあります。この段階では，親や養育者が赤ちゃんの話に注意深く耳を傾けるのに，しばしば余計に時間がかかります。赤ちゃんが何を言おうとしているのかを，赤ちゃんと一緒になって推測し，彼らを優しく励まして，自信を育てるのです。親は，赤ちゃんの考えていることを理解しようとし，そうした考えをまとめ上げるための簡単な文を投げかけたりする中で，赤ちゃんが伝えてきていることに特定の意味を与えることがあります。

　ジョーダンと叔母さんの会話は，こんな具合でした。ジョーダンは，子ども用の食事椅子の下で，微笑み，笑い，何かを指さし始めました。お茶の準備をしていた叔母さんは，「何を見ているの？」と聞きました。「ボール」と彼は，口をその新しい言葉の形に動かしながら，なんとか言いました。彼女は「まあ，『ボール』と言ったのね！」と，喜んで繰り返しました。「そうね，それはあなたの赤いボールね」。彼らはしばらく一緒に，静かにそのボールを眺めました。それから彼女は，「あのボールが好きなの？」と聞きました。ジョーダンは彼女に微笑み，それから再び「ボール」と，静かに言いました。「あなたはあのボールが好きなのね」。双方から，ボールについてのさまざまなコメントが交わされながら，お茶の時間が進行していきました。ジョーダンは，その会話をとても楽しんでいた様子で，だんだん自信が出てきて，ボ

ールという言葉が流暢に言えるようになりました。ついに彼はクライマックスに達し，自分の腕を大きく振りながら，「ボール，ボール，ボール」と叫びました。この時点で，叔母さんは，「あの赤いボールが欲しいの？　あなたはあのボールが本当に好きなのね。ボールを取ってあげましょうか」と彼に聞きました。

　こういった役に立つ励ましや心配りに恵まれやすいのは，通常，1対1の会話の時間に恵まれ，親たちの注目をふんだんに浴びることのできる第一子です。そのような関わりは，間違いなくジョーダンの自信を育みました。忙しい時期や，周りに子どもたちが大勢いる場合には，赤ちゃんはしばしば長い期間観察するほうにまわり，それから話し始めます。

　ルーシーの母親は，1歳の娘の初語について，娘の強情な性格をよく表している，と冗談めかして言いました。母親は「（「自分でする」を意味する）私！」と「いや！」という2つの言葉が，ほぼ同時に出てきたことを思い出しました。ルーシーは，子ども用の食事椅子に座らせようとすると，頑固に「いや！」と言いました。同様に，靴を履かせようとすると，「いや！」と言い，「私！」と言って自分ですることを主張しました。言葉の力を小さく見積もってはなりません。人や物事に対して「いや」と言えることで，赤ちゃんはとても強くなります。それは，赤ちゃんの世界を変えていく力になります。

言語と想像力の世界

　歌や童謡での言葉の使い方は，1歳児に本当によくアピールします。ニーハが話し始めた頃，彼女の父親はよく，夕方のお風呂の時間に，『ゾウのネリー』を彼女に歌ってやりました。それは次のような，二人のささやかな日課となりました。

　　父親：ゾウのネリーは，荷物をまとめてトランクに詰め……
　　ニーハ：トゥアンク！
　　父親：……そしてサーカスに「さようなら」言いました。トランペットのよ

うな鳴き声あげて……
　　　ニーハ：トゥアンク！　トゥアンク！　トゥアンク！

　童謡の絵本は，この時期に何度も繰り返して読まれます。赤ちゃんは繰り返しが好きなのです。次にどんな言葉がくるかが分かっており，間隙を埋めることができるため，それは言葉をコントロールし始める時に役立ちます。また詩歌には，歌に似た，音楽のような性質があり，それが詩歌を大変魅力的なものにしていますし，そこに込められた物語は，簡潔で，シンプルで，想像力に満ちています。すばらしい挿絵のついた童謡の絵本がたくさんあり，多くの書店や図書館で手に取ることができます。しばしばペーパーバック版の方が，赤ちゃんの小さな手には扱いやすく，本に目がない赤ちゃんたちが，ひとりで挿絵を見始めることを容易にしてくれます。しかし最初は，童謡の本を携えて赤ちゃんと一緒に座り，書かれた言葉を読み，挿絵を見ながら会話を交わす時間を持つことがなによりです。

　乳幼児期のこの段階では，絵と一単語のみでシンプルに構成された絵本も人気があります。それらの絵本は，本棚の中で特に人目を引くわけではありませんが，話すことを学び始めた赤ちゃんたちは，そういう絵本を強く好むようです。おそらくそれらのシンプルな形式を理解して，比較的早く自分のものにしながら楽しむことができるからでしょう。言葉をひとつひとつ指差しながら絵と関係づけ，さらにその絵について詳しく話すことは，大きな満足をもたらします。ほどなく1歳児は，あなたにその本を「読んで」くれるようになるでしょう。こういった達成感は自信を育み，赤ちゃんは，言葉や言語というものが，ますます自分の手に届くものになりつつあると感じるようになります。歌や童謡のテープやCDも有用であり，それらのすべてが，しっかりとした言語的基盤を形成することを促進します。

　徐々に赤ちゃんは，ストーリーのある本に興味を示すようになります。しかし最初のうちは，シンプルなストーリーのものに留めておいてください。そして，ほかのすべてにも言えることですが，あなた自身の直観を大事にし，自分の赤ちゃんのペースに合わせて進むとよいでしょう。

ジャックの母親は，ジャックが彼女の膝に座っていられず，すぐに降りてしまうので，本を読んであげることができなくて，がっかりしていると話しました。彼女が本を読んであげようとしても，ジャックは手で本をパタンと閉じてしまい，なんとかして膝から降りようとするのでした。彼女は，それ以上は無理に勧めないことに決め，ジャックは単に本に興味がないのだと思うことにしました。しかし，2人の間にもはや難しい問題が無くなったように思われた頃，驚いたことにジャックは，自ら進んで本に興味を示すようになりました。ただ，ジャックはストーリーを自分で選ぶことを好みました。

　ストーリーを味わうことができるようになると，面白いことに幼児は特定の物語に執着するようになります。それはしばしば，私たちが好きになってもらいたいと期待する本ではないのですが，繰り返し読んで欲しいと求められる本なのです。おそらく，その物語には，なにかしら無意識のうちに彼らを引き込むものがあるのでしょう。幼児は物語を通して，（ときに圧倒されそうになることもある）自分自身の感情を，安全な距離を保ちながら探索することができるのでしょう。

　レイチェルの母親は言いました。レイチェルは本を読んでもらうのが好きです。それに，特に気に入っている本があるんです，と。それは，ジョン・バーニンガム作『アボカド・ベイビー』（1994）という本で，あまりご飯を食べない赤ちゃんの話でした。赤ちゃんが大きく丈夫にならないので，母親はとても心配していました。ある日，母親は果物かごに盛られたアボカドを見つけ，それをすりつぶして，赤ちゃんに与えました。赤ちゃんはとても気に入って，アボカドの栄養で超人的に強くなります。そして，子ども用の食事椅子の保護ベルトから脱出し，自動車を押し，買い物の荷物を運び，強盗を追跡し，家族をさまざまな災難から助け出したりします。生後18カ月の時に，レイチェルはこの本をとても気に入り，畏敬の念さえ抱いた様子で，何度も何度も読んで欲しがったそうです。

　物語や歌や童謡などを通して，親や養育者は，自分たちの赤ちゃんに，言語や物語の創造性に触れさせることになります。そういった物語などは，子どもに，言語というのは，自分の物語を作ったり，他の人の物語も作ったり

と，物語を一つにまとめ上げるのに役に立つものだ，という理解を促します。赤ちゃんが自分の体験に意味を与えるために，親や養育者の言葉や理解に頼るのと同じように，本で出会う物語は，赤ちゃんの体験をまとめ上げることに役立つのです。より発達が進むと，だんだんと，自分も言語や想像力によって自分自身の物語を作り上げる方法を持っている，と認識するようになり，自分自身を他者の立場に置きかえて想像するだけでなく，自分自身の感情を探索することができるようになります。想像的なごっこ遊びが発展してくるなかで，赤ちゃんは，独自の語り口をもった新進作家のように，自分の物語をさらに展開していくことができるようになります。

初 歩

　ピーターが3歳の時に，妹のクリスティーンが生まれました。彼はこの新しい状況を，さほど動揺せずに受け入れたかのようでした。クリスティーンは成長するにつれて，ピーターを明らかに最も魅力的な人であると感じ，彼が部屋の中を動き回るのを尊敬のまなざしで追うようになったので，ピーターはその様子をむしろ喜んでいました。彼らは同じ部屋で，遊びの時間を楽しむようにさえなりました。母親は，クリスティーンが寝そべることができるよう，しばしば床の上に清潔で柔らかい敷物を敷き，彼女の回りにお気に入りの玩具を置いておきました。ピーターも一緒に同じ部屋にいて，玩具で遊ぶのに熱中していました。そしてある日，すべてが一変しました。母親はそのときのピーターの様子を語ってくれました。ピーターは，その光景を見て恐怖の声を上げ，大声で母親を呼びながら，大急ぎで部屋に入ってきたのです。「ママ！　クリスティーンが動いてるー！」

　赤ちゃんが動き始めると，すべてが変わります。赤ちゃんによって話し始める時期がさまざまなのと同様に，最初の一歩を踏み出して歩き始める時期にもかなりの個人差があります。しかし，通常は1歳になる頃までに，形はさまざまですが，ハイハイをし始めます。

　スーザンは，1歳の誕生日の2，3日前に，ハイハイし始めました。その

週末に知人がアパートを訪ねた際，父親は，スーザンがハイハイをして見せることを熱望しました。彼はスーザンを床の上に置いて，両腕を伸ばし，自分の方に来るよう言いました。彼女は振り向いて父親を見，満足した様子で逆の方向にハイハイし始めました。片足をもう一方の足より長く引きずってはいましたが，大変効果的に体を操っていました。そして訪問者を見上げて，微笑みました。父親は，スーザンの顔の高さに身をかがめ，再び腕を広げて呼びました。スーザンは父親と向き合うために，お座りの体勢に向きを変え，そこに座って，父親に微笑みました。

　自分の行きたいところに行けるというのは，素敵な気分なのでしょう。そして，世界が広がります。どのように動き回るかということは，動き回れるという事実の前ではほとんど問題にならないようです。別の父親は，息子が最近『へんてこハイハイ・クラブ』に入ったと，愛情を込めて話してくれました。それはむしろお尻ふりふり運動というべきものでしたが，とても速くて自由自在に動けるのでした。子どもたちはしばしば，歩いてバランスをとることに難渋するよりも，素早くハイハイすることの方を好みます。誇り高く立ち上がって，周りの人たち全員を見渡しはしますが，片方の足をもう一方の足の前に出そうとはしない子どももいます。また，周りの大人に指を一本差し出してもらって，それをつかんで自分を支えようとする子どももいます。これはバランスをとることと関係した，単なる身体的な事柄なのでしょうか？　あるいは，より明確に分離・独立した生活への一歩を踏み出そうとしている時に，身近な特定の大人との安全感をもう一度確かめることとも関係があるのでしょうか？

　歩くことを学び，そういった新しい一歩を踏み出すのに十分な自信を感じるプロセスは，身体的なものであると同時に，心理的なものでもあります。それはもうひとつの大変大きな情緒的飛躍であり，赤ちゃんに大いなる葛藤をもたらします。明らかに，前に進む道しかないのですが，どうしても後ろ髪を引かれることが残っているのです。歩くことはなんとすばらしいことでしょう。しかしあなたの赤ちゃんは，あなたの腕に抱かれた赤ん坊でいることをあきらめて新たな一歩を踏み出してしていけるでしょうか？　赤ちゃん

は，これらの一歩を踏み出すことを始める時，抱きしめられて安心させてもらうために，何度も何度もあなたのところに戻ってくる必要があるかもしれません。実際，赤ちゃんが自信をもって独力で歩き始める時期は，一方で，そういった気持ちとは反対の，よりしがみつこうとする時期でもあるのです。

自信を育むこと

　朝は自信に満ちていたのに，午後はずっとスカートやズボンの足にしがみついている赤ちゃんの姿を見ると，しばしば当惑した気持ちになります。しかしそれは自然なことなのです。時にどれほど大胆に見えようと，1歳というのは，本当はまだ幼いのです。赤ちゃんは，母親の元から出て行っては，安心を得るために戻ってきて，母親のそばで安心して，そして再び離れていくという体験を繰り返すことを通して，自信を育んでいきます。この時期の赤ちゃんは，身体的・情緒的に援助してくれる親や養育者を頼りにしていて，親や養育者がまるで頑丈な岩のようにいつもそこにいて，人生や，人生の中で遭遇するさまざまな苦難に対処するのを助けてくれると期待するのです。自立への動きは試行的なものですが，この段階で成功をたくさん経験することで，赤ちゃんはもっと自信を持てるようになります。

　赤ちゃんにとって必要だと思われることは，あなたから離れて短い旅をする間，あなたからの励ましの声を心のうちに少しでも保持できることです。この内なる励ましの声は，赤ちゃんを情緒的に支え，あなたの手元を離れて，公園の花壇を探索したり，図書館で別の子どもに近づいたりするといった，その子にとっての小旅行へと向かっていくための勇気を与えてくれます。ここでもやはり，親が赤ちゃんの気持ちを敏感に察知し，自信を持って支援することができることは大事である一方で，赤ちゃん自身のペースに合わせて寄り添うことが，自信を育むのです。

　エリルの母親は，数人の親しい友人とその子どもたちに会うのに，エリルと4歳になる彼の姉とを，連れていきました。他の子どもたちの多くは，姉の方の年齢に近く，一方エリルはまだ17カ月でした。よく晴れた日で，年長

の子どもたちは庭に飛び出して行き，母親たちは，開け放った両開きのドアの近くに固まって座っていました。エリルは珍しく，他の子どもたちに加わろうと，母親のそばを離れました。彼が子どもたちのグループの一員として自分を位置づけたのは初めてのことで，大人たち全員がそれについてコメントしました。とはいえ，エリルの母親は，他の子どもたちは30分くらい家の中に戻ってこないのに対して，エリルは5分おきに戻ってきて，彼女とほんの少しの間接触し，自信を回復して，再び戸外に出て行くことに気づいていました。

1歳児は多くの場合，自分の家の中では，家の外よりもはるかに冒険心に富んでいます。本格的に動き回れるようになるや否や，事態は一変するのです。赤ちゃんが生活する環境には，赤ちゃんのための安全保護策を講じることが必要になり，これがなかなか大変に感じられるかもしれません。ピーターにとって，今や一番保護される必要があるのは，自分の玩具であり，それを妹のクリスティーンの手が届かないところに置いておかなければなりませんでした。小さな赤ちゃんと，動きまわれるようになった1歳児とは，全くの別物です。幸いなことに多くの場合，周りの人たちを楽しませてくれる要素がバランスをとってくれ，年長のきょうだいたちは，1歳児が成長するにつれて，彼らとより一層楽しめるようになります。しかし，家庭内には，安全を脅かす事柄が想像を絶するほど多く潜在しています。親が安全性について心配になるならば，（追い越し車線にいる車のごとく素早くハイハイしたりヨチヨチ歩きする）赤ちゃんを監視しようと神経をすり減らすよりも，赤ちゃんのための安全保護装置を早急かつ包括的に設置することの方が得策です。他の選択として，赤ちゃんに，特にその食器棚をいじらないようにとか，棚からガラスの花瓶を落とさないようにとか教える方法もあります。しかしその場合，あなたはほとんど常に「ダメ」と言い続けなければならず，それによって大変な不利益をこうむることになります。

マリーの母親は，彼女が遊べる面白い玩具を与えようと，いつも気遣っていました。しかし，二人ともが台所にいるときには，お気に入りの玩具がたくさん置いてあっても，マリーは決まった食器棚のところまでハイハイして行って，あらゆる台所道具を取り出そうとしました。それは母親の心配と苛

立ちの種でした。母親は，気がつけば一日中マリーに「ダメ」と言い続けており，食器棚に駆けつけては片づけものをしていました。マリーも，うんざりして，欲求不満に陥ってしまい，母親が他の物で遊ぶように言ってもききませんでした。母親は，友人にそのことを相談し，最終的に「マリーの食器棚」には，彼女が遊んでも安全で，床の上に撒き散らされても大丈夫な物だけを入れることに決めました。しばしば母親は，変化を持たせるため，その食器棚に新しい物を登場させるのでした。この新しいやり方は，ふたりにとって，大変功を奏しました。

　私たちはすでに，赤ちゃんが「いや」と言えるようになることで自信を持つようになることについて述べました。とりわけ，赤ちゃんが大変幼く，自分でできることややってもいいことが限られている場合に，そういうことが言えました。しかし1歳児や，それ以上の子どもに対しては，「ダメ」と言うことがどうしても必要であり，有益である場合がしばしばあります。それでもやはり，「ダメ」と言われた側は，非常に欲求不満を感じ，傷つけられたように感じます。親や養育者たちはこのことを認識しているので，どうしても必要な場合にだけ，「ダメ」と言うようにします。家の中に赤ちゃんのための安全保護策を講じることで，赤ちゃんは安全に探索することが可能になり，マリーは結果的に，自信を育むことができるようになりました。親や養育者の方では，「ダメ」と言わねばならない回数が大幅に減り，皆がよりリラックスできるようになります。

　1歳児に対して「ダメ」と言うのは本当に必要な場合だけにすべきであることには，心理学的な理由もあります。家の中を初めて探索することには，食器棚の中に入っているものよりも，大切な深い意味があります。身体的にも冒険できるようになるにつれて，赤ちゃんの世界はさらに広がっていきます。もしも好奇心が健全で活性化していれば，赤ちゃんは，あなたの家や，家の中の手の届く限りのあらゆる物に対して，できうる限り知りたいと思うようになるでしょう。好奇心に満ちた心というのは，的確な方向に心が成長していることを表しており，親たちはそれに対して「ダメ」とは言いたくないのです。

第2章
探索することの重要性

母親を知り，より広い世界を知っていく

　赤ちゃんが最初に持つ重要な関係は，母親との関係です。この関係は，誕生以前，赤ちゃんが母親のお腹の中で生育している時からすでに始まっています。この時点では，母親は，赤ちゃんの生命そのものを支える存在です。誕生後，赤ちゃんは，あらゆることへの疑問をはっきりとした形で心に抱くことが次第にできるようになってゆきます。母親が，魅力的で好奇心をそそる第一の対象となるのは自然なことです。赤ちゃんと母親の間のこの最初の関係の濃密な性質は，赤ちゃんが母親に対して際限のない好奇心を向けることに由来しています。赤ちゃんは次のような疑問を抱いていると想像することができます。「お母さんの内部はどうなっているのだろう？」「お母さんのおっぱいは，どういうふうにしてお乳でみたされるようになるのだろう？」「お母さんは，いま何を考えているのだろう？」「お母さんの心の中には何があるのだろう？」「お母さんは誰を愛しているのだろう？」「誰がお母さんの面倒を見ているのだろう？」等々。もし，このような強い好奇心を，母親と赤ちゃんが，過剰に不安になることなく持ちこたえられたならば，赤ちゃんは，そういった好奇心をさらに育んでよいのだと自信を持つようになるでしょう。

　1歳児にとって，世界は大きくなりつつあります。ハイハイするにしても歩くにしても，独力で探索する機会がますます多くなります。最初，母親に

関するすべてに魅了されることで始まったものが、今では、他のすべてのものに対する好奇心や魅力へと変容しています。親や養育者が、1歳児たちのこのような好奇心を応援することは、同時に、彼らが動き回って、広い世界に情熱的に関わっていくことを援助することでもあり、彼らの情緒的・身体的発達をサポートしているのです。そのような親や養育者は、子どもが安定して自立した人生を送れるよう、援助しているのです。とはいえ、そのプロセスは複雑です。

　赤ちゃんとの早期の関係の濃密さを失うことを恐れる母親もいます。彼女たちは、赤ちゃんが自分のことをもはや大切に思っていないのではないかと感じ、赤ちゃんたちが成長して自立していくことを、自分が軽んじられているように体験するかもしれません。これはとりわけ、一家の末っ子で、母親にとって、おそらく「最後の」赤ちゃんとなる場合に特に起こりやすい現象です。赤ちゃんは、母親のそうした心の痛みを感じ取り、そういう環境でなかったならば、より冒険していたはずなのに、あまり冒険を好まないように振る舞ったり、赤ちゃんのままにとどまろうとしたり、新味のないことを繰り返したりすることで応えようとするかもしれません。

　一方、これとは逆に、赤ちゃんがだんだんと自立していくに連れて、母親が自分らしくいられるようになり、その結果、この段階になって、母親と赤ちゃんの関係が、いい意味でより深まる場合もあります。たとえばオリシーの母親は、自分が本当の意味で「赤ちゃんの養育者」にはなれなかった、と話しました。彼女は家の中にいると、自信が持てず、抑うつ的になったそうです。彼女はできるだけ早く仕事に戻り、オリシーが生後数カ月の時に、とても楽しく過ごせそうな保育サークルを見つけることができ、ホッとしました。事態はそこから好転し始めました。しばらくするとオリシーは、より自立心のある1歳児になり、母親はそれまでとは違って、自信が持てるようになり、オリシーと一緒にいることをとても楽しめるようになったそうです。実際に彼女は、最近勤務時間を減らすことができるようになったため、家でオリシーとより多くの時間を過ごしたり、プレイグループにオリシーを連れて行くのを楽しみにしていました。

1歳児は，あなたの愛情や注目の中で安心感を感じつつ，より広い世界を探索することを励まされると，より一層探索することに自信を持つようになります。そういった探索が家の中から始まるのは避け難いことです。私たちはすでに，家の中に「赤ちゃんのための安全保護策」を施すことについて話し，これが大切なのは，安全についての配慮だけが理由ではないことについて述べました。もしも赤ちゃんが，健康な好奇心の高まりに導かれていろいろなことを行っている時に，「ダメ」と言われ続けると，自分の好奇心が導いていくところに関して，過剰な不安を抱くようになり，あれもこれも禁止されていると感じ，自分自身の好奇心を完全に停止させてしまおうとすることすらあります。より広い環境への好奇心は，心の発達に結びつくものなので，親や養育者は，この時期に赤ちゃんの潜在的な好奇心をできるだけ伸ばせるように励ますことが大切なのです。

遊びの世界を通じてさまざまな気持ちについて取り組み考えていく

　遊ぶことは子どもにとって楽しみであり，良いことです。親であれ，祖父母であれ，叔母・叔父であれ，家族の友人でれ，保育者であれ，赤ちゃんと遊ぶことは，大きな喜びとなります。遊びの世界は，好奇心や想像力がそこで開花し，展開していく，すばらしい世界です。それはまた，さまざまな感情や体験を劇的に表現することで，それらに取り組むことが可能な場でもあります。小さな子どもたちは，母親や養育者の傍で遊ぶ傾向があります。彼らは最初のうち，突発的に遊びを始める傾向があり，大人を参照しては，安心させてくれる存在であることを定期的に確認する必要があります。1歳児ともなると，遊びを自分に合ったペースに調節することができるので，遊びがコントロールを失うほどのものになったり，速く展開しすぎたりすることはないのですが，遊びがさらに展開していけるよう，大人が優しく励ますことが，彼らの助けになるときもあります。このようなことに繊細に気がつく大人ならば，想像的な遊びが展開していきやすくなる環境を促進し，作り出

していく手助けができます。

　アランが初めての誕生日を迎える頃，母親の友人が家を訪ねてきて，アランにプレゼントをくれました。それは，ボタンを押すと，鮮やかな色が塗られた4種類の動物たちが劇的に飛び出す玩具でした。皆は喜びの歓声を上げ，動物が飛び出すとき大げさに驚いて，アランをその新しい玩具で遊ばせようとしました。しかし母親の友人は，アランが別の方向にあった玩具の入っていた箱を見ていることに気づき，思慮深くも，それをアランに渡しました。面白いことにアランには，プレゼントの箱の方が嬉しかったようであり，箱を手で持って何度も向きを変えて品定めをし，やがて破れた包装紙でその箱を一杯にしたり空にしたりする遊びを考え出しました。

　1歳の誕生パーティーでよく言われるジョークは，1歳児たちは，プレゼントそのものよりも，プレゼントが入っていた箱で遊ぶことの方を好むというものです。あらゆる種類の容器（コンテイナー）が，この年齢の子どもたちを強く魅了します。そして，彼らを惹きつける容器は，周囲にいくらでもあるのです。彼らはまるで磁石で引き寄せられるようにして容器に惹きつけられ，それらをもっと知ろうとして，何かで一杯にしたり，空にしたりすることにしばしば夢中になります。こういったことがあるため，ビデオプレイヤーには「チャイルド・ロック」がつけられています。ビデオプレイヤーが故障した時にその中をのぞくと，例外なく無数の小さな物が入れられているのが見つかるというのはこの頃の赤ちゃんのいる家庭でよくある話です。

　デニースの母親は，ある日の午後，お気に入りのビデオを見せようと，娘を座らせ，自分自身は邪魔されずにお茶を楽しめるだろうと期待していました。しかし，ビデオプレイヤーは動かなくなっていました。二人はショックを受けて，うろたえました。母親はすぐに，ビデオを修理してくれる業者に来てくれるよう頼み，その人はすぐにやって来ました。玄関のところでデニースを見た彼は，まっすぐにその機械のところに行き，逆さまにして振ると，コインや小さな玩具や，玩具のねじ回しや，ヒーターから液を抜くときに使うねじ回しといった品々が出てきました。そして彼は，「チャイルド・ロック」がどう役に立つのかを説明し，よくあることなんですと言って，2, 3

分で家を後にしました。

　1歳児が心惹かれるもうひとつの「容器」は，洗濯機です。エラが1日に何度も洗濯機のところへ行くことを始めたので，母親はまず，エラが洗濯機に興味を持っていることに気づきました。エラは，行きには何かを持っていくけれど，帰りは手ぶらで帰ってきます。とりわけ好んだのは，自分の哺乳瓶を洗濯機の中に置いてくることでした。いったん家族がエラの洗濯機ゲームの正体を見破ってからは，洗濯機は，なにかものが見当たらなくなったときに，真っ先に探してみる場所となりました。とくに，エラの母親が仕事に行かなければならないのに，鍵が見つからなかった時に，役立ちました。

　赤ちゃんを最初に魅了するのは，母親であり，母親がその心や体という容器の中に包容しているものすべてです。1歳児ともなれば，それがより象徴的な形へと発展して，容器全般に魅了されるようになっていきます。容器や，収納できる空間を見つけて，その内部に物を入れるという行為は，赤ちゃんが，世の中の潜在的な安全性を探る方法であると思われます。もしも赤ちゃんが，容器やそこに入っているものを吟味し，それで遊ぶのならば，その遊びの中で，赤ちゃんは，丈夫で安全な容器全般にみられる包容力を再確認し，安心を得ているのです。丈夫な容器は，哺乳をしてくれる良い母親を表す，良い哺乳瓶を安全に保つことができるとともに，必要とあれば，母親が自分以外の人と関わりを持つことへのネガティブな感情をも，包容してくれます。そのような種類の遊びは，人生についての希望へと移り変わっていき，ポジティブな感情もネガティブな感情も含めた赤ちゃんの感情すべてを理解して，包容してくれる，丈夫で保護してくれる人物という考えが形成されるのを促します。もしも赤ちゃんがこの概念を発達させることができ，心の中にそれをしっかりと根づかせることができたなら，そのことは，これから先に控えている人生につきものの困難や試練に対して，赤ちゃんが，向き合っていくのに大きな良い影響を及ぼすことでしょう。

　赤ちゃんの遊びがもつ雰囲気は，週ごとに変わったり，日々変わったりするどころか，瞬間瞬間に，驚くほど変化します。赤ちゃんと一緒に遊び，赤ちゃんのリードに従うことに心を配っていると，赤ちゃんがその時に感じて

いる感情や夢中になっていることが，遊びのドラマの中で目の前で展開されるため，それらを理解しやすくなります。遊びの舞台は，まるでローマ時代の闘技場のように感じられることがあります。そこでは，衝突や災害や破壊が繰り広げられます。それを見ている大人は，その遊びを恐ろしいものと感じ，「もっと上手に遊ぶ」よう，その遊びをやめさせたいという気持ちに駆られます。実際のところ，想像的なごっこ遊びというのは，とても激しく取り扱いにくい感情や体験について取り組む機会となることが多く，そのような遊びを通して，赤ちゃんは，より希望の持てる心の状態に触れることができるようになっていくのです。

　ナナが歩き始めた生後14カ月頃のことです。そのときは父親が彼女の面倒を見ていました。当時，父親は仕事の重圧を感じていました。彼女の歩き方はまだまだ不安定でおぼつかなく，その時いた家族の友人に玩具と飲み物を渡すために居間を横切る間，何度もバランスを崩しそうになりました。やっとのことで彼女は，ヒモのもつれをほどいてもらおうと，父親に車輪のついた犬の玩具を渡しました。父親はその作業に取り組みながら，ナナの様子を見ていました。彼女は，姉が以前に組み立てたデュプロ（幼児用ブロック）で遊び始めました。彼女は小さなデュプロの人形を取って，デュプロで作った壁の上に立てましたが，そのすぐ後に，うっかりその人形を壁から払い落としてしまいました。そのあと，ナナはデュプロの乳母車を取り出し，車輪に触りながら，入念に調べました。彼女は別の人形を人形のベッドから取り出し，乳母車の中に入れようとしました。しかし結局，人形が大き過ぎることが分かって，慎重にベッドの中に戻しました。彼女はこのようにして，すべての人形を手に取っては，慎重にベッドに戻すという遊びを続けました。

　ナナは，すべてのものが，彼女のおもちゃや飲み物同様，注意深く受け止められ，包容されて安全なところに置かれるのだろうか，と気になっていました。それは，彼女自身がよく転ぶことと結びついて感じられていたようです。また，身体的にも情緒的にもよりバランスよく保たれ，安全感を感じる必要があるということと結びついて感じられていたようです。父親にのしかかっていた重圧が，ナナ自身の不安定感を増幅させ，安全な赤ちゃんでい

られる必要があると，より切実に感じさせることになったのかもしれません。そのような状況にあったにもかかわらず，彼女は父親のことを，もつれをほどいて事態をスムーズにさせることのできる人として認めることができていました。いわば，自分の心の中の保護的対象として認めることができていたのです。デュプロで遊ぶことで，ナナは自分の感情を認識し，それについて考え続けることがでました。最初の人形が塀から落ちたように，うまくいかないことはありましたが，最終的にはすべての人形が，安全な居場所を見つけることができました。

さまざまな家族

　家族はそれぞれ，いろいろな面で異なっています。両親が子どもたちと一緒に暮らしている家族もあります。片親しかおらず，情緒的なサポートや実際的なサポートを親族が担っている家族もあれば，身近な友人や地域サービスのネットワークに頼っている片親家族もあります。家族がいかなるメンバーで構成されていようと，それぞれの家族は，独自の文化や歴史，それに子どもに対する独自の考え方を持っています。

　どの家族も，時期に違いはあれ，緊張を強いられる時期を経験します。それが人生というものです。重圧は，情緒的なものであったり，経済的なものであったりします。たとえば，結婚生活がうまくいかなくなることもあります。一方の親が家を出て行ってしまうかもしれません。死別や長期の病気に対処せねばならないこともあります。失業が問題であることもあります。仕事にのめりこんで，長期にわたり家を留守にすることがあるかもしれません。親の再婚や，新しく赤ちゃんが生まれることは，家族に変化や複雑な感情をもたらします。それがどのようなものであれ，子どもたちは，たとえ幼くて感情を言葉にできなかったとしても，家族に生じた問題の影響から免れることは決してありません。子どもが家族の問題の影響を受けていると認識することは，子どもたちを守ってやりたいと思ってきた親にとっては，とりわけ辛いことです。しかし実際には，家族の問題がメンバー全員に影響を与え

ていることを認識し，あえて子どもが体験していることに触れていくことは，子どもが苦痛で混乱した感情を情緒的に消化していくことを助けるための基盤となります。

　子どもが体験していることについて考えることは，子どもを情緒的に包容し，サポートすることにつながります。言葉が出る前の子どもたちにとっては，こういった大人による思慮深い包容は，彼らが家族の危機に対処していく上で欠かせないものとなります。子どもたちは，自分自身の問題を情緒的に消化していけるほど成熟しておらず，彼らの包容されていない悩みは不可避的に，振る舞いや食行動，睡眠や夜尿，身体症状といった言葉以外の方法で表現されることになります。こうしたやり方で，少ない語彙しか持たない幼い子どもであっても，問題があるということを示しており，それについて話をしたいのかもしれません。しかし，問題に対して開かれていて，受容的であるということは，子どもと一緒にその問題を詳細に検討していくこととは違います。その問題が本質的に大人に関するものである場合は，特にそうです。つまり，幼い子どもたちは，家計の収支の難局や，結婚生活の不一致について知らされたり，親やきょうだいの病気について詳細な説明を受けることで助けられるわけではないのです。とはいえ，状況についてのシンプルで正直な説明が，彼らの心をずいぶんと楽にすることもあるでしょう。少なくとも，大人が，家族に起こった事柄を子どもたちが案じ，心配していることをわかってくれることで，子どもたちは救われるところがあるのです。そして，自分が心配していることがわかってもらえると，質問したり，話したりできる道が開けます。そのようなとき，別の見方を呈示してもらうことが有益であると考えて，掛かりつけの一般診療医[訳注1]（GP）に，相談する家族もいます。一般診療医は，子育て相談サービス[訳注2]（アンダーファイブ・カウンセリング）などを受けられるよう，地域の社会福祉サービスに紹介することができます。

訳注1）英国で国民は近くのGP（General Practioner）に登録し，無料の国営医療サービス（National Health Service）を受けるにはまずGPの診察を受けなければならない。英国においては，一般に家庭医としての機能を持つ身近な存在である。

訳注2）ロンドンのタビストック・クリニックでは，5歳以下の子どもを持つ家族への子育て相談面接を5回まで無料で提供するサービスを行っており，Under Five Counselling Serviceと呼んでいる。

第2章　探索することの重要性　131

　デイビッドの母親は，デイビッドが 18 カ月になり，寝つきや睡眠の問題が耐え難いものになった時に，一般診療医に相談しました。一般診療医は，地域の子育て相談サービス機関に紹介しました。その機関は，最長で 6 週間続く，週 1 回のセッションを提案しました。カウンセリングをしていく中で，彼らの物語は明らかになっていきました。デイビッドは，6 カ月前に父親が家を出て行って以来，母親と一緒に寝るようになっていました。当初から，デイビッドの父親は，週末に定期的にデイビッドに会い，親しい関係を保っていました。家では，デイビッドの母親が，就寝時間になると，デイビッドを何とかして自分のベッドに寝かしつけようと奮闘していました。デイビッドを納得させる唯一の方法は，母親が隣に寝て，一緒に寝ているふりをすることでした。デイビッドが眠るまでに，2 時間かかりました。夜中に目を覚ました時には，母親のベッドにもぐり込みましたが，母親の方では，その頃にはあまりにも消耗していて，彼を自分の部屋まで連れ戻すことができませんでした。睡眠が途切れ途切れとなる夜が，この家庭に大きな被害をもたらしており，母親は，しばしば抑うつ的になり，エネルギーがほとんど残っていないと話しました。しかしながら，デイビッドの母親がカウンセリングで家の様子について話した時，事態はわずかながら好転し始めていました。母親が，とりわけ父親にまつわる話をしていると，デイビッドは話に加わり，それで父親が家を出て行った夜に起こったことを，彼がはっきりと覚えていることが分かりました。彼がそのことについて話したのは初めてのことだったので，母親は驚いたと話しました。その他にセッション中に明らかになったことは，デイビッドが，母親も家を出ていくのではないかと非常に心配しているということでした。父親が家を出て行ったのなら，母親は出て行かないと，どうして言えるでしょうか？　彼には母親から目を離さないでおく必要があったのです。とりわけ夜間には監視する必要がありました。こういった事情が，デイビッドが眠りに就くことをとりわけ難しくしたのでした。また，夜中に目を覚ました時に，母親がいるかどうか確かめたいと思ったのは当然のことでした。このことが明らかになったことで，デイビッドは母親に安心させてもらうことが可能になり，この家族の夜の時間は，より過ごしや

すいものとなりました。

　ひとり親たちは、日々の子どもの世話に責任を持たなければいけないだけでなく、ひとり親とだけ一緒に暮らしている子どもに起きてくる問題や、それが家族生活に与える影響といった問題を抱えることになります。父母の関係に終止符が打たれると、関係しているすべての人たちは、しばしばきわめて苦しい時期を過ごすことになります。こうした時期を経たのちに、両親は、たとえ自分たちの個人的な関係は崩壊し、もはや一緒に暮らしていなくとも、子どもの親として一緒に考えて協力し合うことができるようになるかもしれません。もし別れた両親が子どものことについて協力していけるならば、それは子どもたちにとって明らかによいことです。というのは、両親が子どものことを最優先して、首尾よく協力し合っている様子を、子どもは目撃することになるからです。これは、子どもたちの生活をサポートし、情緒的に包容するためのネットワークを強化することになるので、幼い子どもたちにとって、大変安心感を与えることになります。

　愛するパートナーが亡くなると、遺された親は、愛する人を失った絶望的な悲しみの中で、喪の過程を経る必要があるにもかかわらず、同時に、子どもを育てる責任を背負い込むことになります。幼い子どもがいる場合には、それは胸が張り裂けそうな苦しみです。そのような状況にあるひとり親家族をサポートするために、親族を含めた拡大家族や友人たちができることはたくさんあります。そして、亡くなった親についての良い思い出は、二人の間の子どもを育てる遺された親を励まし支えます。心の中に良い思い出を保持することができる親の能力は、子どもたちにも伝わっていきます。それは、親が良い思い出に支えられるように、子どもたちも、心の中にある協力し合う夫婦によって抱えられ、包容され、安心させてもらうという仕方で伝わっていくのです。

協力し合うカップルという概念

　思慮深く、創造的で、協力し合うカップルという概念は、子どもたちにと

って大変重要です。この概念は、両親が、赤ちゃんを生み出すことができるほどに創造的であり、逆境においても結びつきを保てるほど強く、子どもたちのことを創造的に考え続けることができるというイメージを象徴しています。たとえ実際の両親が別居していて、子育てに一緒には携われなかったり、あるいはまた、一緒に暮らしてはいるけれど、互いを高め合うような創造的なあり方ではなかったりしても、協力し合うカップルの概念が、子どもたちの心の中で育まれることが大切です。サポートしてくれる祖母や叔父・叔母や友人の存在も、子どもの心の中のこうした心の中のカップルの一部を構成するようになり、カップルの概念が強化されることになります。医師や教師や保育者たちも、しばしば子どもたちから、両親をサポートしてくれる人たちとして認識され、その認識が、援助的なカップルの概念を強化します。同時に、もしも片親が、自分自身の子ども時代やその後の人生経験によって、心の中に協力し合うカップルの概念を有していれば、それが子どもにも伝達されることになります。こうした人と人との良いつながりが起こり、子どもに伝えられる関係性は、それがどのようなものであるにせよ、有益なものとなります。

　この良いカップルの概念が、子どもたちにとって、なぜそれほどまでに重要なのでしょうか？　それはまさに、子ども自身が良い協力関係を作り出す力や、創造的になるための力を育むことと関係しているのです。もしも子どもが、協力し合う両親イメージによって表される、良い協力関係の概念を有しているならば、それを心の中のモデルとして、将来自分自身で良い協力関係を作り出していくことができるのです。それは子どもたちに、自分自身の生活の中で出会うさまざまな対人関係の中で、人々とつながることを可能にし、促進します。それはまた、自分独自の考えを作り出すために、自分の心の中につながりを作り出し、考えと考えを結びつけることで、自分独自の創造的な思考を育みます。このように、良い協力関係を作り出すことができるということは、本質的に創造的なプロセスなのです。

　協力し合うカップルの概念を心の中に構築していく上で、邪魔になる事柄もあります。それは、すべての家庭で生じうる問題であり、この概念が子ど

も自身の中に引き起こす,欲求不満と関係があります。

　ジェニファーの両親は,彼らの新居を改装している最中であり,そこにはその作業を協力して遂行していくという希望に満ちた感覚がありました。母親が階上で壁紙を剥がす作業を行っている間,父親がジェニファーの面倒を見ていました。父親は紅茶を入れており,ジェニファーは,まるで自分がどこまでやったら父親が自分を止めるかをテストしているかのように,スプーンの中に3杯目のフレッシュチーズを山盛りに入れてもらい,それを挑発的にシャツの上でぶらぶらさせていました。スプーンを口に運ぶたびに,ジェニファーは父親に,台所まわりのいろいろな物の名前を言わせ,クスクス笑いながら彼の方を見ていました。しばらくして父親はジェニファーに,ちょっと2階のママのところに行って,壁紙の様子を見てくると言いました。

　父親が部屋を出て行くと,ジェニファーは農場のおもちゃで遊び始めました。彼女は乳母車に乗った赤ちゃん人形を手に取り,「乳母車の中のちっちゃい赤ちゃん。ちっちゃい赤ちゃん」と言って,その乳母車を,農場を表わす緑色のボードの上に置きました。それから小さなトラックを手に取って,車輪を回し,ボードから,大きな輪を描くように走り去らせました。「行くよ」と言い,ジェニファーはそれをカーペットの上に置きました。彼女は乳母車にも,同じことを言いながら,同じことをし,それから前かがみになってトラックを再び手に取りました。彼女はそれを自分の手の中で仰向けにして,その内側に指を突っ込み始めました。彼女は一本の指をトラックの中にとても深く突っ込み,心配そうな表情になりました。「抜けなくなった」と,彼女は言いました。父親が戻ってきて,彼女が指を抜くのを手伝ってやり,「もうこんなことをしてはいけないよ」と優しく諭しました。

　ジェニファーは,父親が母親のところに行ってしまったため,「乳母車の中の,ちっちゃい赤ちゃん」と同一化しているようでした。彼女は「ママのすべてが欲しい」という自分自身の願望を,両親カップルに投影しており,その結果,両親が一つになっていて,そこにジェニファーの居場所が残されていなかったのでしょう。そのような状況においては,彼女は自分のことを,放ったらかされ,排除された,無力な赤ちゃんと感じたことでしょう。「行

くよ」のトラックは，一緒になった彼女の両親を表していると考えられ，そのすぐ後を，乳母車の中の「ちっちゃい赤ちゃん」が追いかけているのでした。ジェニファーがトラックに深く指を突っ込んだ時，彼女は（両親の乗っているトラックの中に）どれだけ入り込みたいと思っているかを表明していました。彼女が不安になり，助けが必要だった時，父親がやってきて彼女を救い出し，同時に，彼女のために限界設定をしてくれたのです。

　一緒にいる両親という考えによって，子どもは「自分は小さく，無力で，排除された存在だ」と感じることがあります。とりわけ子どもたちが非常に幼い間は，「他の誰をも排除して，母親のすべてが欲しい」と願うことがあり，そのような考えのために，子どもの心の中には，協力し合う両親カップルという概念が入り込める余地がほとんど残されていないのです。しかしながら，現実には，父親が，子どもからの拒絶を受け止めつつも，子どもに対して友好的でいることができ，かつ母親を子どもの際限なき要求から守ってやれるほど十分なだけ情緒的に強ければ，万事は良い方向に行くことでしょう。

　こうして1歳の女の子は，次第に今度は父親に愛着を持つようになり，父親のパートナーになりたいと思うかもしれません。女の子は，母親を排除してしまいたいという願望と，母親を愛し，必要としている感情との間で，自分自身が引き裂かれるように感じるかもしれません。同様に，1歳の男の子は，父親を尊敬して，父親に同一化するだけでなく，父親を排除して，母親の愛情を父親から奪い取りたいと願い，心の中で，両親カップルの間に割り込もうとするかもしれません。こういった種類のエディプス空想[訳注3]は，

訳注3）エディプスまたはオイディプスは，ソフォクレスの『オイディプス王』で描かれた悲劇の主人公の名前。オイディプスは，それと知らずに父親を殺し，母親と結婚し，最後にその事実を知って自分の目をえぐり盲目となり，追放される。精神分析の創始者のフロイトは，両親のうちの一方を自分のものにし，他方を敵視することをめぐる複雑な心の葛藤のあり方が，情緒発達上の大きなハードルと考え，その克服の失敗が神経症の中核にあると捉え，エディプス・コンプレックスと名づけた。エディプス空想は主に性的欲動をめぐる葛藤という点で理解されていたが，現代精神分析では本書の記述にみられるように，両親カップルを許容し，それを心の中に育むことは，協働関係のモデルとして人と関係を持つ基盤になるとともに，考えることの基盤にもなると考えられている。

子ども時代に体験することの一部分なのです。そのような空想は，子どもの遊びの中に見ることができます。また，さまざまな場面で，親として接している中で感じ取ることもあるでしょう。ひとり親家庭の場合には，両親が一緒にいるという外的現実に子どもの空想が否定されることが起こりにくいと言えます。こうした場合，片親を独占したいと思いながらも両親がともにいてほしいという子どものディレンマを，親は察して，子どもの心の中に良いカップルの概念が形成されるよう促進し続けていくことが，とても大切になります。もちろん子どもは，現実に両親が一緒にいて，現実は自分の空想していることとは違っていて，両親は協力し合ってことにあたっているのだ，と感じると，安心します。しかしそれで問題が必ずしもすべて解消するわけではありません。このようなエディプス葛藤は，幼い子どもたちが格闘し続ける課題であり，必ずしも子ども時代に解消されるものではないのです。

　両親たちは時折，エディプス状況を大変やっかいに感じます。また，エディプス状況によって，家庭が大変緊迫してしまうことがあります。誰しも一度は赤ちゃんだったわけであり，自分の中にある未解決なエディプス的な感情のために，親が子どもの要求と張り合ってしまうことは，よくあることです。なかには，そのような感情が強力すぎてそれに圧倒されてしまう両親もいます。そういった状況にある両親は，家庭を維持するために身近な人から助けや専門家の援助が必要かもしれません。両親が一緒にこうした課題に取り組める場合でも，それは大きな負担です。ひとり親である場合は，子どもたちに限界を設定することを助けてくれる頼りがいのある人物による外からのサポートを得るか，あるいは自分自身の心の中にある，協力し合う両親カップルという概念と結びついた，内的資源に頼ることになります。環境によっては片親が，子どもたちを情緒的・実際的に包容するために，愛情や世話や理解を与えると同時に，ここまでという境界や限界を設定していかなければならず，一人で母親役と父親役の両方の機能を果たすことを求められる場合もあります。いろんな意味で，子育ては大変なものなのです。

家族の食事時間

　家族そろっての食事時間はしばしば，家庭生活の縮図であると考えることができます。それは，皆が自らの必要に応じて集まって来る時間であり，そして最もシンプルな場合でさえ，食事がうまくいくためには，情緒を注ぎ込む必要があります。もちろんこのこと自体がプレッシャーとなりますので，家族そろっての食事の時間は，本当に楽しいときもあるのですが，情緒的に緊迫したものにもなりうるのです。

　赤ちゃんを家族の食卓に迎え入れるのは，恐らくはその子が離乳食を食べ始めるようになるときでしょう。1歳になる頃には，赤ちゃんは多かれ少なかれ，他の皆と同じものを食べられるようになりますが，多くの味や食感は，赤ちゃんにとって新奇なものです。赤ちゃんたちは，食べ物を撒き散らすのを楽しんでいるかのように見えます。食事の時間を整然としたものにし，赤ちゃんをきれいにしておきたいがために，ずっと赤ちゃんの口に食べ物を運んでやりたいという思いに駆られるかもしれません。しかし子どもが自分なりのやり方で食べ物について探索し，苦労して自分の口にそれを入れることは，子どもたちが自分のやりたい方法で新しい味や食感に慣れていくことを手助けすることになります。ですから，多少散らかすとしてもこの時期に子どもに自分なりの食べ方をさせるのは，子どもが後々，いろんな食べ物に挑戦するようになることにつながるのです。子どものすることに多少寛容になれば，家族の食事時間は，食卓にいる子どもにとって，より面白くて変化に富んだものとなり得ます。

　もし，あなたの1歳児が「よく食べる子」ならば，食事時間は，それほど問題にはならないでしょう。しかし，もし，あなたが自分の1歳の子どもの食事の問題で悩んでいるなら，食事時間は，大変ストレスフルなものとなります。

　ジェイドの母親にとっては，毎度の食事時間が不安の種でした。ジェイドは，離乳を始めて，離乳食を導入した時から，ずっと低体重気味であり，食べ物に興味がないようでした。母親は，彼女の体重が気になり，毎度の食事

時間を苦痛に感じました。ことがうまく運ばないと，食事は，母子の我の張り合いとなり，しばしば涙と共に終わるものとなってしまいました。このような状況に困り果て，母親は，この問題について考えるために，ジェイドがどんな赤ちゃんなのかもう一度振り返ってみました。ジェイドはずっと，圧倒されるような状況を好まない赤ちゃんでした。知らない人が顔をいきなりグッと近づけて来たり，慣れない場所に投げ込まれたように感じると，彼女は決まって泣きました。騒がしい人ごみや，騒々しいパーティーなどは彼女を怖がらせ，彼女は型通りのことを好みました。そこでは物事はより整然として感じられ，次に何が起こるか分かっていたからです。ジェイドの母親は，こうした点から食べ物のことを考えて，これまでとは違ったアプローチをしてみました。しばらくの間，フィンガー・フード（訳注：指でつまんで食べられる食べ物）だけを用意し，ジェイドを圧倒しないよう，ごく少量の食べ物しか与えないようにしました。この新しいアプローチに対して，ジェイドは興味を示したようでした。ジェイドがもっと欲しがると，母親は，さらに豆2, 3粒とか，パスタの小片2つとかいう具合に，ごく少量ずつ与えました。食事時間全体を通して，食べ物を一度にどっさりと与えていた時よりもずっと多く，彼女は食べるようになったのです。

　ジェイドの母親は，思い悩みましたが，ジェイドを情緒的に包容することができたのです。彼女は，食べ物に対するジェイドの情緒的な反応をよくみて，それをジェイドの性格についての自分なりの理解に思慮深く結びつけていったのです。そして，そこから創造力を発揮して新しいアプローチを生み出すことで，母子ともに抜け出せないように感じていた状況が変化しました。しかし，このようにうまくやることは，必ずしも容易なことではありません。

　食事に関わることはみな，母親と赤ちゃん双方にとって，情緒的な意味に満ちているのです。胎内にいる間は，赤ちゃんはただただ母親から栄養を与えられています。赤ちゃんが，母親や母親からの贈り物に完全に依存しているという関係です。胎児期の赤ちゃんは，健康な成長のみならず，生死も依存しているような関係を母親と持っています。生まれてからも，母親は同じ気持で，母乳や人工乳で授乳します。こうした依存の関係が，食物摂取を

まだある程度支配しています。赤ちゃんは，離乳し，離乳食に進むにつれ，徐々に，より自立した状態へと移行していきますが，まだまだ依存の感情は続いていくのです。

　依存というのは，一筋縄でいかない，厄介な問題です。他者にあまりにも依存していることを自覚するのは，辛く感じるかもしれません。しかしながら私たちは皆，自分の存在そのものを両親に依存しており，私たち全員が生まれながらにして依存しているのです。子宮においては，母親に対する完全な依存があります。それに続く小さな赤ちゃんの時期は，私たちを世話してくれる周りの大人に生の持続を依存しています。こうしてみていくと大人になっても私たちが周りに依存して生きていることを示す事例のリストは際限がなく，私たちは依存することなく生きていくことはできない存在であることがわかります。私たちは内心，このように周りのおかげで生きられていることに感謝すべきであるということは承知しているのですが，しばしば，逆に（ありがたいと同時に）不快に感じたり，腹立たしく感じたりするのです。

　1歳になると，自立への道はまちがいなく進んでいます。ハイハイしたり歩いたり，もしかすると話し始めたり，無力だった新生児とは大違いです。しかし1歳児というのは，日常生活に親の世話がまだまだ必要で，それに大きく依存しています。もちろんオムツの問題もあります。しかし1歳の子どもにとって，こうした日常的な世話よりもはるかに重要なのは，親への情緒的な依存なのです。赤ちゃんが，依存をめぐる複雑な感情を持っていること，そのため親に対して不機嫌になったりすることをわかってあげることは，この時期の赤ちゃんを情緒的に包容していくうえで必要なことなのです。1歳児が自分の身の周りのことを，いくらかでも自分でやってのけることができる機会を見つけてあげると，それを手掛かりに他のことも自分なりに消化していくことができるようになるのです。実際，依存という事柄と情緒的に深く関連している食事は，1歳児が，自分を世話してくれる人の選択にすべて依存せずに，自分の好みを主張し，選択することのできる，数少ない領域の一つなのです。そして選択することは，自分の主体性や能動性を実感していくことにつながるのです。

ベンは，家族でおばあちゃんの家に泊まりに行くのをとても楽しみにしていました。彼は大いに注目されましたし，おばあちゃんはいつも，彼の好物を買い込んでおくことを忘れないのでした。ベンの母親が朝寝坊を許されて，まだベッドに横になっている間，朝ご飯は，ベンとおばあちゃんの間のとっておきの時間になりました。彼ら2人は朝ご飯を思う存分楽しみ，おばあちゃんはベンのことを「朝ご飯係（ブレークファーストマン）」と嬉しげに呼ぶようになりましたし，朝ご飯は彼の「一日で最高の食事」となりました。こうして，おばあちゃんとベンは，シリアル，トースト，果物などから成る，朝ご飯のコースを確立していきました。おばあちゃんはいつも，前に訪ねてきた時と同じものであることを願いつつ，彼がどんなシリアルが好きかと尋ねました。しかし訪問の度毎に彼は，この前に来た時に大好きだったものとは好みを変えていました。おばあちゃんは，この前に開けた箱のシリアルを食べてしまうことをベンに強いたでしょうか？　この話の続きは，おばあちゃんのうちの食料品棚に，いろんな種類のシリアルがずらっと並んでおり，朝ご飯の後にベンの上機嫌でいることがすべてを語っていることでしょう。
　1歳児は，こういったちょっとした選択を許されると，親に依存しつつも，世界における自分自身の能動性を認識できるようになり，力づけられるのです。これは，親が食べ物のことで，子どもに支配されていると感じたり，それぞれの子どもに別々の食事を用意しようとして疲れ果てたりすることとは全く違います。大人たちが子どもに振り回されないことと，子どもに選択させることとのバランスをうまくとることが，明らかに必要です。しかしベンにとって，少なくとも「朝ご飯係」であることを楽しむことは，たとえまだまだ無力な1歳児で，他の多くのことを任されることはなくとも，自分が朝食を任されていると感じることのできる経験でした。それは一日のいいスタートになりましたし，そのような良い体験は，自分を励ましてくれる人物やカップルというイメージを，心の中に構築することを助けます。煎じ詰めれば，あなたの1歳の子どもが人生を歩んでいくのを支えていくのは，こうした良いイメージへの依存が維持されていくことなのです。

第3章
性格の芽生え

子どもが自分自身を見つけ出していくこと

　1歳児は，成長していくにつれてそれぞれのユニークな性格がはっきりと現れてきます。動きが活発になり言葉が増えてくると，家族の中で存在感を見せることができるようになってきます。自己主張することは，自分自身であるという感覚を発達させる機会となり，自分がどういう人間なのかを見出す機会となります。この段階では，いろいろなことを試してみる様子がみられます。たとえば，さまざまな性格の人物になりきってみて，それで自分がどう感じるのかをみてみたりします。この発見の旅は，きわめて重要なことです。赤ちゃんは，自分自身になるために自分なりのやり方を見つける必要があるのです。そして，人がだれでもそうであるように，それぞれの赤ちゃんにそれぞれのやり方があるのです。

　数人のお母さんたちが，1歳の子どもが朝，目を覚ますときの様子を話しています。あるお母さんは，娘がベビーベッドで目が覚めると，誰かが行くまで少なくとも30分はおもちゃで遊んでいる，と話しました。赤ちゃんモニター[訳注1]を通して，両親は，娘が笑ったりおもちゃに話しかけたりする

訳注1）baby moniter。英国の家庭では，乳児期から両親の寝室とは別の寝室で赤ちゃんを寝かせることが普通なので，赤ちゃんの泣き声を感知し別室にいる両親に知らせることのできるモニター装置を設置することがある。

のを聞くことができたのです。ほかの2人のお母さんは、この話を信じられないというように聞きながら、うちの赤ちゃんは、目覚めた途端にベビーベッドから出してくれと哀れっぽく泣き叫ぶと言いました。最後に話したお母さんは、自分の娘はこのどちらでもない、と言います。彼女の赤ちゃんは、目が覚めると、誰かが行くまで声を限りに「絶叫する」のだそうです。その声は耳をつんざくほどのものだったので、思いを遂げるまでたいがい長くはかからないのだそうです

　この時期には、家族に自分の存在を生き生きとアピールする子どももいます。また、おずおずとしていて、自己主張するのに励ましが必要な子どももいます。いずれにせよ大切なことは、赤ちゃんが、完全に人に合わせてしまうのではなく、赤ちゃん自身の主導権を持っていることなのです。

　赤ちゃんにこうした成長がみられるのに、家族が誰も気づかないということがあります。たとえば、その子が身内の1人にあまりにも良く似ているので、その子独自の性格が見えにくい場合があります。あるいは、家族の誰かが亡くなったあとに生まれた赤ちゃんが、家族の心の中で、その人の代わりになるということが起こりえます。その子が自己主張し始めても、その性格はその子が「代わり」になった人とは違うので、それを受け止めるのは難しいかもしれません。このように、子どもが、家族のみんなが期待したようなものとは違う形で、自己を主張すると、家族は混乱し、バランスがひっくり返されるような衝撃を受けます。こういった環境にあると、子どもは、人生が自分のものではないとどこかで感じ、本来あるように自分を表現できず、抑制されてしまうことがあります。

　親が子どもに向ける期待が、親自身が自分の人生に期待したものと混同されすぎると、似たような状況が起こってきます。シャーンドル・マーライは、『灼熱』（1942）という小説でこのことを描き出しています。この小説の中で、ある若い音楽家が軍隊に入隊し、その中で自分の人生を振り返っていきます。彼は、自分が子ども時代、1人の人とは認めてもらえなかったことに気づきます。確かに彼の両親は、彼に良い教育を受け贅沢な生活を送らせるために多大な犠牲を払ったのですが、それでも彼は1人の人として認められなかっ

たと感じていました。彼は自分が両親の「傑作」になったと同時に、自分自身から切り離されてしまった、と感じています。そして、自分という存在に本当の生と音楽を吹き込んでくれたはずのものからも切り離されていると感じています。

　赤ちゃんをその子自身として認めてあげることは，赤ちゃんが誰かの影であるとか誰かの野心を背負っているというのではなく，赤ちゃん自身であると感じられるような発達を育みます。赤ちゃんは，自分自身でいられなければ，その持っている力がなんであれ，それを十全に伸ばすことができないのです。そして，子どもが自分自身を見つけていく過程は，家族の中から始まるのです。けれども，家族の中で自分がどういう存在なのかということは，ある程度，家族の中でどの位置にいるのかによって左右されます。第一子であるか，一人っ子であるか，あるいは兄や姉がいるかどうかで事態は違ってくるでしょう。

家族の中の赤ちゃんの位置づけ

　もし，あなたの1歳児が最初の子どもなら，家族の中に兄や姉がいる赤ちゃんよりも余計にあなたの注意を引くでしょう。第一子というのいくつかの点で得をすることがあります。というのは，両親の注意がすべて自分に集中するというのは，特別なことだからです。身体的な達成は，すぐさま気づかれ喜ばれるでしょう。初めてのことばは，みんなが静かに聴き耳を立てて待ち受けているでしょう。その子が初めて経験することは，家族の誰にとっても初めてのことでしょうから，それゆえに大切にされるでしょう。情緒的な面からも，最年長の子どもであることは，いろいろと有利な方向に働く可能性があります。1歳児は，弟や妹が産まれて来ると嫉妬心と戦わねばなりませんが，少なくとも子どものうちに，この体験をくぐり抜け，生き抜くでしょう。こうした事柄を前もって経験すること自体が，のちの人生でこれに似た感情を伴う他の人間関係に取り組むときの，助けになるでしょう。

　もし一人っ子であるなら，最初の子どもであるということでいろいろと得

をするでしょうし，またたくさんの興味引かれる大人の会話に浸れるということで，大人の社会にたやすく心地良く馴染んでいくことでしょう。それに，一人っ子の親は，しばしば他の子どもたちの関わりができるように，定期的に遊べる機会を作ろうと懸命に努力します。このことは，子どもにとっては楽しいことでもあり，大いに助けにもなります。

上にきょうだいがいる場合には，また違った課題が出てきます。大きな家族の一員として育っていくことは，それなりの利益があるものです。家庭の騒々しさと混乱を目の当たりにできることは，いつも楽しみと刺激が用意されているようなものです。1歳児は，年上のきょうだいの嫉妬心と戦わねばならないのですが，うまくゆけば，きょうだいは遊び友達にもなれますし，きょうだいの中でもまれながら社会性を少しずつ身に着けていくことができるでしょう。早い段階でこうした経験に馴染んでいれば，グループの中で，分かち合っていき，その一員になっていくことはほとんど問題なくできるでしょう。

新しい赤ちゃんの誕生

1歳児が新しい赤ちゃんに追い出されたと感じるのは，この赤ちゃんが生まれてきてからとは限りません。

2歳の誕生日を迎えようとしているジュリーは，大体はすんなりと眠る子どもでしたが，その前の月ぐらいから一晩に何度も母親のところにやって来ては，部屋に連れ戻されると大騒ぎして嫌がりました。そして，昼間にはこれまでになく母親にまとわりつきました。母親はそのとき妊娠7カ月で，ジュリーの夜毎の徘徊が本当に堪えていました。ある朝母親は，ジュリーに話すことにしました。ジュリーに対して，自分の部屋で寝ないといけないし，四六時中お母さんにくっついていてはいけない，と言ったのです。その話を聞いて，ジュリーは「赤ちゃんはいつもママといるじゃない！」と叫びました。

ジュリーがこんなにはっきりとものを言ったことに，母親は一瞬ショック

第3章 性格の芽生え　*145*

を受けましたが，そのあとすぐに，まだ幼い娘の立場からするとどういうふうに感じられるのかよくわかったように思いました。ジュリーは，夜寝るときに我慢しておやすみを言って別室で眠らなければならなかったし，昼間は昼間で母親が他の部屋に行ったり電話に出たりといった，ちょっとした分離を受け入れなければなりませんでした。一方，まだお腹の中の赤ちゃんの方は，昼夜問わず母親のお腹の中にずっといるのです。このように見ていくと，この状況はひどく不公平に感じられます。ジュリーの母親は，ジュリーにこの状況について話し，ジュリーが経験していることを言葉にすることができました。そうすることで，このつらい経験を包容（コンテイン）することができたのです。こうしてジュリーは情緒的に抱えられ，包容されることができました。これは，出生前の赤ちゃんをお腹の中で抱えてあげるのとは違ったやり方ですが，理解という形でジュリーに安全感と安心感を与えることのできる抱っこでした。

　ジュリーと母親は，妊娠期間中にこのような会話を続けたので，母親は，新しい赤ちゃんを巡ってジュリーの中に起こってきた葛藤する気持ちに触れていくことができました。ジュリーの気持ちを言葉にし，赤ちゃんに対する敵意を理解することができたおかげで，ジュリーは十分に包容されたことでしょう。また，母親の方でもジュリーを慰める機会が得られました。赤ちゃんが生まれる予定日の前の数週間の間，二人は赤ちゃんが眠る場所について話し合いました。ジュリーはすでに揺りかごが置かれているのを目にしていました。その揺りかごをどこに置くのか，ということが，より厄介な問題となりそうでした。ジュリーは，庭が良いと思う，と言いました。庭には置かない，と彼女を説得するには時間がかかりましたが，赤ちゃんが産まれたなら家の中のいい場所を全部取られてしまうのではないか，というジュリーの不安を話し合う機会ともなりました。ジュリーが特に心配していたのは，母親は自分の相手をもうあまりしてくれないではないかということだったのです。

　赤ちゃんが産まれる前のこういった話し合いは，確実に1歳児を助けます。赤ちゃんがやってきたときに誰が赤ちゃんの世話をするのか，いつ母親と赤

ちゃんに会うことができるのか，といったことを子どもが前もって知っていることは大切なことです。おそらく，誕生後の初対面のとき，あらかじめ考えておいて，あなたが1歳の子を腕に抱き寄せてあげて，2人で一緒にベビーベッドにいる赤ちゃんを見ることができたとしたら，それはとても役に立つことでしょう。

　出産を間近に控えながらも，よちよち歩きの子どもの相手をすることは，へとへとになるものです。出産を間近に控えたある母親は，1歳のわが子といま一緒に居るのはとてもきつい，と涙を浮かべながら友人に話しました。そして，今うまくやっていけないなら，いったい2人の子どもとどうやってうまくやっていったらいいのか，と話していました。また別の母親は自分の経験を振り返って言いました。出産を間近に控えて，よちよち歩きの子どもの世話をするのは，赤ちゃんが産まれてしまって2人か3人の子どもの世話をするよりもはるかに大変だった，と。家族の中に新たに赤ちゃんが誕生することは，大きな喜びをもたらします。1歳の子どもにとっても，たとえ葛藤した気持ちで一杯であったとしても，新しい赤ちゃんが健康で元気な様子を見ると，とてもホッとすることでしょう。

　新たに生まれてきた赤ちゃんを母乳で育てるなら，そのことで膨大な時間とエネルギーを取られるでしょう。母乳を出すことは，身体的には負担のかかることです。自分の体に課す負担を考えれば，利用可能なあらゆるサポートを受け入れて，できる限り休むようにするのは当然でしょう。

　1歳児の目の前で赤ちゃんに授乳をすることは，配慮が必要な問題です。中には，授乳のときの母親と赤ちゃんが親密に結びついている様子に耐えられない子どももいます。1歳児は自分が授乳されていた体験からそう遠くにいないかもしれず，赤ちゃんを授乳する場面を見せられると，もう赤ちゃんではないという苦痛な現実を思い知らされるかもしれません。このような状況では，大きくなりたいという気持ちが，すぐさま小さくなりたいという気持ちに変わってしまうこともあり得ます。母親は，新生児を授乳しながらも，同時に，動揺し，気づかいを求めているよちよち歩きの子どもをなだめないといけなくなり，その両方への対応に引き裂かれます。また新生児のことも

考える必要があります。つまり，新たに生まれてきた赤ちゃんが，授乳の時間を邪魔されずに持つのは当然であるということを考える必要もあるのです。

　父親がここで本領を発揮することができます。授乳している妻と子どもたちに対して，父親は多くのことができます。母も子も，時にエネルギーを絞り取られていると感じるものですし，しばしば傷つきやすくもなっていますので，実際的にも情緒的にも父親が母子を支えることが大切になります。1歳児にとって，お父さんと特別な時間を持つことは，お母さんが新しい赤ちゃんに時間と手間をかける必要があるという事実の衝撃を和らげるのに役立ちます。ひとり親は，この時期が一番難しい時期だと思うかもしれません。ひとり親は，授乳のために身体的負担がかかるだけでなく，赤ちゃんと上の子の相手をする情緒的な負担のすべてを自分一人で担わないといけないのです。ですから，少なくとも静かな邪魔されることのない授乳の時間を持つために，家族や友人の援助を得るのは良い考えです。それが無理ならば，年長の子どもに飲み物やビスケットを持たせて，動き回らないように座らせておいたり，子どもの注意をひくような活動に引き入れておくのもよいでしょう。そうすると，子どもの方では，世話をされていると感じ，母親の心の中に自分もいるのだと感じることにもなるでしょう。時にはこういうときに，どれもうまくいかないこともあります。でも，絶望しないでください。誰しも超人ではありませんし，いつでも次のチャンスがあります。

赤ちゃんの主張を尊重することと「ダメ」と言うとき

　ここまで，1歳児が自己主張をし始めることがどれだけ大切か，ということを述べてきました。自分自身の意見，好きなもの，嫌いなもの，お気に入りのものを持つことは，人をその人らしくすることなのです。両親は，人生の前途はフラストレーションに満ちていることを知りながらも，自分の赤ちゃんだけはそうならないようにと願いつつ，子どもが自分の意見を持つことを基本的には励ましたいと思うものです。このようにして赤ちゃんが自己主張し始めると，赤ちゃんの好みは親の好みとは違うということを，知ること

にもなります。

　ジェシカは人形遊びが好きでしたし，いくつものきれいな人形をプレゼントで貰ってきました。しかし，彼女が一番好きな人形は「ホリデイ・ハイジ」であることがだんだんわかってきました。ジェシカの目にはハイジは美しい人形と映りましたが，母親の目にはそうは見えませんでした。ジェシカには，もっと趣味のいい人形を好きになって欲しいと母親は望みましたが，ジェシカの好みはそうではありませんでした。ジェシカは，けばけばしく飾り立てたハイジを，お出かけのときにはいつも連れて行きました。こうして，ジェシカの母親は，人形ではなく，自分の主張を持っている，一人の人としての子どもを育てるということはどういうことなのかを学びました。

　おもちゃは，1歳児が自分の主張をあなたに突き付けることのできる領域のひとつです。そして，食べ物もそうです。食べ物について何らかの選択をする可能性があることは，食事にまつわる依存の感情という観点からすでに述べました。まさに大人と同じように，子どもも食べ物の好みを持っているのです。ある味の方が，他の味よりも好まれるということはありますから，バランスのとれた食生活の範囲内で，好き嫌いは尊重されるべきです。好き嫌いが尊重されるからといって，おかしやプリンが健康に育つための食べ物の代わりになるものではないことを子どもは理解するでしょう。しかし，実際は，子どもが好きなものだけを食べるのをやめるのは難しいのです。幼い子どもに，甘いものを食べ過ぎてはいけないことをわからせるのに，食べ過ぎて病気になるまでほうっておくのはよくありません。子どもに「ダメ」と言うことが，とても重要なときがあります。赤ちゃんの意見を尊重し，人として尊重することは，赤ちゃんの経験の限界を知ることでもありますし，彼らのためにもなり，かつ道理にもかなったところで線を引く覚悟ができているということでもあります。

　1歳児の中には，服の好みにとてもこだわる子もいます。これも，1歳児が正当に選択できて，満足のいくような形で自己主張できることが当然な，もう一つの領域なのです。

　アニシュは，何を着るかで迷うことは決してありませんでした。アニシュ

にとって服の意味は独特であることが，母親には分かりました。アニシュは傷つきやすさから守ってくれる鎧のようなものとして服を用いていたのです。アニシュにとって，服を選ぶことができると感じることがどれほど大切なことなのか，母親は敏感に感じ取っていました。彼は，強くて有能に感じさせてくれる服を選んでいました。リーボックの黒のＴシャツや，「工事屋ボブ」とプリントされたトレーナーが好きでした。

　アニシュには，いつも自分の欲しいものがはっきりとしていました。それは大抵タンスの引き出しの底の方にある服だったのです。そうすると，その欲しい服を出すときには，ほかの服がすべてまず引き出しから取りだされることになります。このこと自体，母親にはストレスに思えたのですが，彼が選ぶことがとても大切に思えたので，我慢しました。けれども，アニシュが自分の部屋に一人で入っていって，お気に入りの服を探し始めると，アイロンを掛けてたたんであった服が全部，決まって床一面にばらまかれてしまうことになりました。二人の関係は緊迫したものとなりました。彼らは，妥協点を見つける必要がありました。母親は，アニシュに問題を説明しました。彼は自分の服を選びたくて，彼女は怒らないように我慢したい，という問題についてです。母親がいるときにアニシュが欲しい服を言えば，二人にとって好都合だと思う，と母親は伝えました。つまり，アニシュが服を取って欲しいと頼んでくれれば，取って上げる。けれど，自分で服を出すとめちゃくちゃになるので，それは許すことができない，と提案したのです。アニシュはその提案に同意しました。ときどきその約束を忘れてしまって，注意されることはありましたが。

　しかしながら，子どもに何を言っても，子どもとの間の難しい状況は解決しないし，無駄であるかのように感じられることがあります。こういうときには，１歳児が自己主張しているのか，単にぐずぐず言っているだけなのかは，まさに紙一重です。自己主張として始まったものが，すっかり別なものに変わってしまうことがあります。そうなると，朝，子どもに服を着せて外に出る，というきわめて簡単なことが，困難に満ちているように感じられるでしょう。あなたは，服を着せるチャンスを見計らいつつ，ベストを手に

して子どものあとを追いかけ回すことになります。時間は過ぎていきますし，あなたは約束の時間に遅れたくありません。けれども子どもは，可能な限り事態をこじらせるべく手を尽くしているように見えます。この種の状況はよく見られるものですが，子どもというものは時にはこういうものなのだ，ということを思い出させてくれます。子どもがこういうものだからこそ，子育ては，こんなにもきつい仕事となるのです。手に負えないあらゆる行動は，親をてんてこまいにして，その行動に対して親がどう応じるのかを試すためにしているように思えてきます。これはなぜなのでしょう？　そして親はいったい何ができるのでしょう？

　親が子どもをどうコントロールするか，ということについてはいろんな考えがあります。親によっては，折檻することは子どもに「だめ」だと伝える最終手段で，子どもが行きすぎたことをしたときにしつけるために用いるものだと考える人もいます。しかしながら，どうしようもなくなって思わず平手打ちをしてしまうことはどの親にもあるかもしれませんが，子どもをしつけるのに決まって折檻することは，子どものためにはなりません。そうしたやり方は，子どものよくない振る舞いに対する思慮深い対応とは言えないのです。こうしたやり方をすると，子どもの行為の背後にある感情は，親に身体的な反応を引き起こすというメッセージを与えるだけであり，親が子どものそうした感情を何らかの思慮深いやり方で消化し包容できていないと子どもに感じさせてしまいます。そうすると，子どものその感情がどのようなものかそれ以上考えることはなく，話はそこで終わってしまうのです。ところが，子どもの人生という物語は，もちろんのことその先もずっと続いて行くのであることを考えれば，子どもの感情を理解し，消化し，包容することが，長い目で見て子どもの手助けになることがわかるでしょう。

　問題を1歳児の視点に立って理解しようと努めることに戻ってみると，話はここで終わらず，さらにいろんなことが見えてきます。大人にはできるけれども1歳児にはできないことが，とてもたくさんあります。この腹立たしく認め難い状況は，子どもたちが繰り返し繰り返しぶつかる事実なのです。彼らはまだとても幼いのです。だから「ぼくがやる！」と胸を張って主張が

でき，そのことがうまくいくときには，それがささやかであっても，とても大きな手柄となるのです。このように赤ちゃんが胸を張ってやり遂げたことを尊重したり，やり遂げるために助け舟を出したりすることは，子どもの中にある自尊心を発達させるための積極的な手助けとなります。

　もちろんのこと，親が自分自身を尊重しているのを赤ちゃんが感じることも，赤ちゃんの自尊心を発達させる助けとなるでしょう。「ダメ」と子どもに言えることは，子どもが自分のために自分の限界を保つ助けとなるばかりでなく，その振る舞いや行動に対して，親がどれくらい耐えられるものなのかという，親自身の限界を知る助けにもなるのです。幼い子どもの親や養育者として，これらの限界は目一杯まで引き延ばされるでしょう。親はおびただしい場面で試されるでしょうし，そのテストは親が一番傷付きやすいところに向けられるでしょう。親は子どもを育てることに伴う犠牲を払うことを覚悟しているので，多くを我慢することになります。なぜなら，子どもを育てるには，親が子どものために情緒的な負担を担っていき，子どもの成長に伴う，たくさんのフラストレーション経験を，子どものためにある程度受け止め包容してあげるのは必要なことだからです。けれども，誰しも手に入れられるものには限度がありますし，限度を超えてまで要求すべきではないと子どもが悟ることは，何も悪いことではないのです。このような形で親が親自身を尊重することで，子どもは，それ以上はしてはいけないことを，認識していくようになります。

かんしゃくと恐れ

　ある1歳児の母親が，ある子育て経験のある年上の男性に，いつ頃から子どもがかんしゃくを起こすようになったのかを尋ねました。彼は，思いだせる限り2歳前には始まったと思うが，生れてこの方ずっと続いているように感じる，と答えました。

　別の母親は，順調にいっていた教師の仕事を辞めて，初めての赤ちゃんであるジョージの世話を家ですることになったときのことを話しました。在職

中彼女は十代の子どもたち30人のクラスを運営することにとても慣れていましたし，とてもうまくもやっていました。仕事を辞めて育児に専念し始めたある午後のこと，自宅のキッチンで，ジョージが金切り声を上げ出したのです。辺りに自分の食べ物を投げ散らかし，しまいには，ボウルを自分の頭にかぶっていました。ジョージの母親は，1歳のわが子を見て，どうしようもない無力感が湧き起こり「もうどうしたらいいかわからない！」と困ってしまった，と語りました。

　子どもがかんしゃくを起こすことは，ショッキングで恐ろしい経験になることがあります。ジョージと母親の場合は，かんしゃくは，自分の家というプライベートな生活の中で起こりました。よく見られる光景ですが，公共の場で子どもにかんしゃくを起こされると，両親や養育者は，それに対処するだけでなく，そこにいる他人の冷たい視線に耐えねばなりません。面白いことに，公共の場で子どもがかんしゃくを起こしたときに，その成り行きすべてに興味をそそられるのは，他の幼い子どもたちなのです。彼らは近づいてきて，まるで何かを懸命に理解しようとしているかのように，金切り声を上げる子どもをじっと見つめます。彼ら自身も情緒のバランスを取っていくことに同じような不安定さを感じているので，その様子に惹きつけられるのでしょう。

　頼りたいという強い気持ちと，自分でコントロールしたいという気持ちという両極端の間で翻弄されている1歳児にとって，そのバランスをとることは至難の業です。ときには些細なことでバランスが崩されますが，そのこと自体が問題なのではなく，おそらく，さまざまなことが積み重なって起こっていることなのでしょう。すべては，まだまだ自分が小さいので早く大きくなりたいと望む気持ちを経験すること，またときには，成長することに圧倒され，もう一度小さくなりたいと望む気持ちを経験することが，いかにつらいかという文脈の中にあります。ついにはそういった気持ちが手に負えなくなって，堰を切ったように感情をぶちまけることになるのです。

　ニックの母親は，ニックとその姉と一緒におもちゃ屋さんにいて，友達の誕生日のプレゼントを選んでいました。ニックは，触るとライトが点きブン

ブン回るおもちゃで遊ぶのに夢中になっていました。そして「ぼくの」と言って，おもちゃを離さなくなったのです。母親は，それはニックのものではないと説得しようとしましたが，何の役にも立ちませんでした。そしてついに，彼の手からそのおもちゃを取り上げました。母親は，ニックとのこの無様な取っ組み合いに，たくさんの人の目が注がれているのもそのとき感じました。玩具を取り上げられたことでニックはキレました。彼のすさまじい金切り声は店中に響き渡りました。ニックは，母親がベビーカーに座らせようとすると，背中をそらし，ベビーカーからすり抜けようとしてもがきました。そして，母親がベビーカーを店の外に押し出そうとすると，なんとかして車輪を足で止めようとしました。再びベビーカーのシートベルトと喚くニックを相手に格闘しつつも，なんとか店の外に出ることができたとき，彼女は震えていたそうです。

かんしゃくが激しく向けられるのは，大抵は母親です。場合によっては，母親の位置にいる養育者に向けられます。大人の役割は，子どもの辛い気持ちや混乱している気持ち，怖がっている気持ちを受け止める容器（コンテイナー）として振舞うことです。1歳児は，そうしてもらうことをあてにしています。このような子ども時代の極端な感情は，他のやり方では消化できないものなのです。でも，どのように反応すればいいのでしょうか？　ジョージの母親の言葉を借りれば，「どうしたらいいんでしょうか」？

多くの両親は，試行錯誤をしながらこの問いへの答えを見つけ出します。もっと経験豊かな親ならば，少なくとも，やってもうまくいかないことについては一定の考えを持っているでしょう。たとえば，体罰は事態を一層悪くするだけだということを，親は間もなく悟ります。こういう状況の中で子どもに言って聞かせようとすることもまた，子どもはどんな理由も聞かない状態になっているので，うまくはいきません。もし子どもがそうさせてくれるなら，ただ抱っこするのが一番良いのだと，たいていの親は気がつきます。子どもに，あなたを安全に守りたいのだと話しかけることもできますし，子どもが落ち着くまで，穏やかになだめるような言葉をかけてもよいかもしれません。一方で，自分自身がとても怒っているか混乱しているときには，自

分が落ち着くまでは，何も言わない方がよいでしょう。ニックの母親は，自分自身が充分に落ち着くまで，立ち止まらずにしばらく歩き続けていたと話しています。ニックをなだめ，落ち着かせようとすることができるのは，自分が落ち着いてからのことだったのです。

　子どもはまた，かんしゃくを起こしたあとかなり動揺しています。このようなことのあった日の終わりに父親が帰宅すると，母子ともにホッとすることでしょう。父親の帰宅は，母子が行き場のない情緒のもつれから解き放たれ，息つく余裕を与えてくれます。母親の方はまた，気にかけられ，気楽にできる機会をもらえるのです。それから両親は，何があったのか，かんしゃくの背後にあるものは何だったのかを，一緒に考えることができます。ひとり親もまた，こういう機会を持つことを必要としています。親友や親せきに話すことは重要ですし，もしそれが充分であると感じられなかったなら，カウンセラーや親グループからの継続的なサポートを求めるのは大変助けになるでしょう。こういうことがあった日の重荷は，しばしばたった一人で背負うには重すぎることがあります。

　どんな子どもも，かんしゃくを起こすことがあります。けれども，もしそれが頻繁に起こっていると感じているなら，何が子どもに影響を及ぼしているのか，真剣に考えてみるとよいかもしれません。そして一般診療医にどこか相談機関を紹介してくれるようにお願いしてみるとよいかもしれません。

　あとになって，子どものかんしゃくが収まってきてから，何が起こっていたのか，そして，どんなにそれが子どもには大変だったかを話してもよいかもしれません。攻撃的なかんしゃくが親を傷つけたのではないかということが，子どもがいちばん気になるところであり，親にしがみついたり苛立つことでその不安を表現するということは，よくあることです。たとえすべてわからないとしても，何が起こったのかを親が考えることができるということを子どもに示すことは，子どもからの攻撃を親が何とかしのぐことができたということや，こんなに過激な感情でも充分に抱えられるほどに強い受け皿^{コンテイナー}として，今なお機能しているということが伝わり，子どもを安心させるでしょう。

最も過激な感情でも，親に受け止めてもらえるのだと気づくことは，大変子どもを安心させます。受け止めてもらえなかった感情は，とても危険なものとして経験されます。そして，その感情は繰り返し幼い子どもにまとわりつきます。実際のところ，子ども時代に見られる多くの理不尽な恐れや恐怖症の背後には，こういった攻撃的で，敵意を含んだ，かんしゃくに似た感情が隠れているのです。そういった感情は，日常的に接するあらゆるもの，動物や昆虫といったものに結びつき，子どもに仕返ししてくるものとして経験されるのです。そうなると攻撃的な感情は，元々のかんしゃくじみた投影からは切り離されたものになってしまいます。そしてその感情は，ただ子どもの恐怖する対象の中にあるものとして位置づけられるのです。

　イソベルは，生後20カ月のときに新しい家に家族と引っ越してきました。彼女は，自分の新しい部屋が好きでしたし，新しい庭で遊ぶのも大好きでしたので，とてもしっくりと落ち着いたようにみえました。ところが，突然，彼女はお風呂場にあるボイラーを気にするようになったのです。そしてボイラーが音を出すと，飛び上がってしまうのです。そして，ちょっとした心配で始まったものは，だんだん悪化し，ついにはボイラーの近くに行くのも嫌がるという，最悪の事態にまでなっていきました。母親が夜，お風呂につれて行こうとすると，彼女は怯えきって泣き叫びました。母親が何を言っても，効果はありませんでした。ついに母親は，しばらくの間，キッチンのシンクをイソベルの「お風呂」にすることに決めました。そして，お風呂の時間をボイラーについてイソベルに話すことに使いました。母親は，イソベルに彼女がボイラーを恐がっていることはよくわかっていることを伝え，何もかも大丈夫だと安心させるようとしました。結果的には，イソベルの恐れは減少して，生活は正常に戻りました。

　このような状況では，子どもの恐れを認識し受け止めることだけでなく，日々の生活の中に揺るぎない一貫した制限があって，それによって守られていると子どもが感じられることが，子どもを安心させることになるでしょう。子どもの行動への適切な制限は，かんしゃくにみられる敵意を含んだ攻撃が最悪の事態をもたらすことから母親が守られているのだと感じさせることに

なり，子どもに安心をもたらします。母親と父親はこの点で力を合わせ，うまく役割を分けることができます。つまり，受け止める人としての母親の役割と，子どもに適切な制限を設け，母親が圧倒されてしまわないようにして母親を守る，という管理者としての父親の役割です。ここでも，ひとり親の場合には，一人で両方の親の役割をすることになります。あるいは友人や身内の援助を得なければならないでしょう。こういった役割分担がどこまでうまくなされるにせよ，1歳児が，自分の最も激しい感情でさえも，充分にしっかりと受け止めてもらえる環境の中にいるのだと感じることができるなら，彼らの不安は和らいでいきますし，この種の恐れは減少していくでしょう。

第4章
母親との分離

さよならとこんにちは

　赤ちゃんはとても小さいとき，母親が家の中の別の部屋に行っただけで，しばしば泣き叫びます。この段階では，母親が目の前からいなくなると，赤ちゃんは，お母さんが完全にいなくなったと経験し，自分がひとりぼっちで取り残されていると感じます。次第に1歳児は，こういうことにそう不安を感じなくなります。お母さんが部屋を出て行ったことに気づいても，その不安を持ちこたえることができるようになります。そしてその頃にもなると，お母さんは戻ってくるものだという経験をかなりしていますので，赤ちゃんは，お母さんが戻ってくるという予測もつきやすくなっています。とはいえ，彼らは，母親がいなくなったりやってきたりするという体験と苦闘し続けていますし，その状況にいろいろなやり方で対処しているのです。

　生後18カ月のホリーは，食後にベビーチェアーに座ったままで，空っぽになったカップでテーブルをバンバン叩きながら，「なくなった」と言っていました。それから，「下」と言って，母親にベビーチェアーから降ろしてもらいました。ホリーは，床に降りるやいなや，小さく飛び跳ねました。ホリーは「アンプ」とにこにこしながら言いました。母親は「そう，ジャンプね」と返しました。母親がホリーのお風呂の用意のために部屋を離れたとき，ホリーは飛び跳ねるたびに「アンプ」と言いながらジャンプを続けることで，

母親が行ってしまったことに反応しました。それからホリーは，部屋の向こうにある風船（バルーン）を，「ブーン」と言いながら拾い上げました。彼女は風船に描かれている字を指で慎重になぞってから，それを「アンプ」と言って床に投げました。彼女は，だんだんと力を込めて風船を投げていき，この遊びにとても夢中になりました。最後の数回では，ホリーは風船を投げ下ろすたびに「お母さん，アンプ」と言いました。

　ホリーの遊びは，お母さんが「いなくなった」ことに振り回されるよりも，お母さんの行き来を自分がコントロールしておきたいという願望が集約されているように思えます。その遊びのなかで繰り広げられる空想は，ホリーにとって不快と感じられた現実の事柄を変えたのです。つまり，自分が小さい赤ちゃんであり，お母さんにベビーチェアーから降ろしてもらわなければいけないという経験を，自分でジャンプしたのだというふうに変え，そうすることで彼女の心の中でその状況を十分にコントロールしたのです。そのとき風船はお母さんになっていて，ホリーは，それを放り投げたり，思いのままに弾ませたりすることができました。遊びの中でホリーは，お母さんからの分離にまつわる感情を消化しようと取り組んでいたのです。もっとも，この段階では，自分がその状況をコントロールできている必要があるので，母親に置いていかれた幼い女の子のつらい気持ちから距離を取っているのですが。

　ときに1歳児は，母親が自分を誰か他の人に預けて出ていこうとすると，大声を上げて抵抗することがあります。たとえそれが父親や祖母，あるいは信頼しているベビーシッターというような人たちであっても，です。親がこのことを必要以上に悩んだりすることもあります。けれども，幼い子どもが示しているのは単に，母親が子どもたちにとってどんなに大切な人なのか，ということです。そして，愛する人が去っていくときに狼狽することは，自然なことなのです。幼い子どもは，こんなとき慰められることを必要としていますし，経験を積んだベビーシッターはそれをすることができます。もちろん，赤ちゃんが，母親と離れるときに常に何の反応も示さないとしたら，もっと心配です。もしそういう事実があるなら，親は，1歳のわが子が普通に分離に反応することを妨げている何かがあるのかもしれない，と考えるでし

ょう。子どもは，現実離れした自立へのプレッシャーを感じていて，自分自身の感情を完全に切り離しているのかもしれません。分離に対処するこういったやり方が身についてしまっているなら，それは子どもにとって長期的に見て良くありません。分離に伴う痛みの感情は，周りにいる大人にオープンに表現してもいいのだと，子どもは知らねばなりません。そうすることで，分離にまつわる感情を理解してもらい，包容してもらう可能性が出てくるのです。

短時間の分離の意義

　短時間の分離は，1歳児にとっても親にとっても良いものです。母親は数時間後にリフレッシュして戻ってくることができますし，赤ちゃんは，生き生きとした母親の恩恵を受けられるでしょう。この数時間の間に，1歳児はまた，生活を豊かにするような他者との密接な関係を持つ機会を得ることができます。母親がいない時間が赤ちゃんに耐えられないほど長くないかぎり，赤ちゃんはただ我慢しているわけではありません。赤ちゃんは，母親がいなくても，その間をなんとかしのいだり，楽しんだりすることを経験することで，母親がいないことに対処する満足も得ているのです。ときに親は，毎週の予定の中にこの短時間の分離を組み込もうとしますが，こうした短時間の分離を馴染みのパターンの中で一定経験していくことは，とても良い経験になります。

　アンの母親は，父親が少し早く退社でき，娘の世話をすることのできる時間に合わせて，自分のために毎週ヨガ教室に行くことにしました。このスケジュールを導入することで，アンのお母さんは，自分のための貴重な時間をもてるようになりました。また，アンと父親にとっても二人だけの特別な時間を育む機会が得られることとなりました。母親をヨガ教室へ送り届けた後，アンと父親は「大きな赤いバス」に一緒に乗って家に帰ります。途中で，アンが最近お気に入りの「キスプ」というお菓子を買うのに，同じ店に必ず立ち寄ります。このような定期的な日課によって，赤ちゃんの生活の中に短時間の分離が組み込まれます。そしてそれだけでなく，重要な関係が深まって

いくスペースも提供されることとなります。1歳の子どもは，こうした分離を毎週決まったパターンでやってくるものだと理解するので，その分離をコントロールできるとも感じられるようになります。なによりも，アンとお父さんは二人の時間を一緒に楽しんだのでした。

仕事に復帰すること，そして適切な保育所や人を探し出すこと

　母親の中には，自分の考えから好んでであれ必要に迫られてであれ，出産後まもなくフルタイムの仕事に戻る人もいます。近い将来にフルタイムで働きたいとか，赤ちゃんが1歳か2歳くらいになったら，パートタイムで仕事に戻りたい，と考えている母親もいるでしょう。どこかの時点で仕事に戻ることを考えているのなら，子どもの世話をどこに任せるのかという問題は家族にとっては大きな関心ごととなります。

　すぐそばにいて手を差し伸べてくれるような身内に恵まれていないなら，選択肢は，乳母（ナニー），オ・ペア^{訳注1)}，チャイルドマインダー^{訳注2)}，あるいは保育所を見つけ出すことになってくるでしょう。親は，子どものニーズや，地域で利用できるサービスに応じて子どもの世話を任せる先の選択をします。地域のサービスについては，ある地域では高い水準のものであっても別の地域では必ずしもそうではありません。親は，自力で調べたり，近所の他の家族から情報を得ようとするでしょう。こういった選択をするにあたって，親は子どもの発達段階に見合う最良のものを求めます。

　オ・ペアは，たいていとても若くて，1歳児を世話する責任を負うには気後れするため，母親やこういう状況に慣れた保育者と一緒に働くことを望みます。資格を持った乳母^{訳注3)}は，専門的な訓練を受け，それまでにも経験

訳注1) 住み込みのベビーシッター。通常は語学留学でやってくる外国人の若者。
訳注2) 英国で一般的なベビーシッターの一種で，後述されているように，多くは自身育児経験のある女性が，自宅に数人の乳幼児を預かり世話をする。
訳注3) 英国では乳母 (nanny) になるための公的資格はないが，一貫した訓練と資格を与える全国的組織 (CACHE [The Council for Awards in Child's Care and Education] 児童養護教育資格認定協会) は存在する。

を積んできていることが多いので，一般的にはこの年齢の子どもたちを世話することには一層の自信を持っていることでしょう。チャイルドマインダーは，たいてい育児経験がありますし，その人の自宅で子どもを預かることで，子どもに家庭的な雰囲気を提供することができます。チャイルドマインダーの家には異なる年齢の子どもたちが集まり，さながらきょうだいのような小さな集団となります。保育所は施設によって千差万別ですが，施設環境は，きっと赤ちゃんにとって馴染みにくいところと言えるでしょう。この年齢の赤ちゃんのニーズには，合っていないかもしれません。

　保育所の中には，効率面で優れている保育所もありますが，効率は温かさや愛情の代用品にはなりませんし，とても幼い子どもが施設生活に対処するのは難しいように思われます。1歳児は，自分に関わってくれ，感情を包み込み，経験したことを情緒的に消化することを助けてくれる，特定の信頼できる大人を必要としています。子どもが自分の要求を一人の人にではなく，むしろスタッフというグループに向けなければならない環境の中では，この関係を提供することが難しくなります。とはいえ，良いプレイグループや保育所は，特別な「キー・ワーカー」のシステムを取っているのです。そこでは，それぞれの子どもに担当のヘルパーが配置され，子どもがその人との特別な関係を築くことが期待されています。この場合に問題となるのは，そのシステムがうまく働くかということです。

　こういったことすべてを心にとどめるなら，幼い赤ちゃんに必要なのは，母親から離れている間，きめ細やかで思慮深く，温かい世話をしてくれる人です。それは，赤ちゃんを安全に守り，そして母親が家に帰るまでの間，赤ちゃんがその日を乗りきるのを助けることのできる，包容力のある人物なのです。それはとても重要な仕事なので，育児を任せる先を探すことは，両親，特に母親にとっては，極めてストレスの多い，悩ましいことです。ひとたび適切な世話をしてくれるところを見つけたときの安堵は，言い尽くせないほどです。

　1歳のわが子に新しい保育の手はずが準備されることは，母子それぞれが分離をなんとか進めていくのに大きく役立ちます。新しい人や環境に出会い，

そこで母子がともに過ごすことは、赤ちゃんが、新しいものは安全で恐くないと感じるのに役立つでしょう。赤ちゃんにわかりやすく言い聞かせることもまた、助けになります。赤ちゃんに知らせる必要がある大切なことは、母親がいつ戻って来るのかということです。たとえ赤ちゃんの方で別れが辛くても、お母さんがそれでも大丈夫だろうという確信をもっている姿を見れば、それも赤ちゃんのためになるでしょう。そして、どんなに周到な計画がなされて、どんなに綿密な準備がなされても、復帰初日の朝、車のキーを洗濯機の中に見つけるなんてことも、よくあるものです。

親密さとその痛み

ある人を愛し親密になればなるほど、その人に自分を知って欲しいと思い、また、自分もその人を知りたいと思うことでしょう。このように親密さが深まると、人は傷つきやすくなる可能性があります。相手の考えや感情、そして挙動に深く影響されるようになるのです。つまり、その相手に依存していくのです。あなたは傷つきやすく、欲求不満に陥りやすくなります。そして、愛する人との関係で責任を感じやすくなり、相手を傷つけたのではないかと感じやすくなります。親密さがあまりにも辛く感じる場合には、愛する感情から自分自身を切り離してしまったり、無関心になったり、愛情そのものを拒否して、人生の別の目標を選ぶかもしれません。そうなると、とりあえず親密さから生じる痛みからは守られることにはなりますが、別のもっと深刻な問題が生じてしまいます。結果的に、人として成長する可能性、そして親密な関係に全力で取り組む可能性を切り捨ててしまうことになるのです。

赤ちゃんのお母さんとの関係は、重要な深い意味を持っています。それは、真の愛情が経験される最初の関係なのです。そして、人が初めて、愛をめぐる、さまざまな葛藤や痛みに取り組まなければならない関係なのです。このような感情は、恋に落ちた大人の感情と似ていなくはありません。幼い恋人としては、1歳児の前途は平坦ではありません。無力感や依存というような感情に対処になければいけませんし、分離による欲求不満もあります。子

どもは，母親が自分自身の感情を持った別の人であると次第に認識していくようになりますが，この認識はさらなる痛みをもたらします。1歳児は，自分のあらゆる感情を受け止めてくれる存在として，母親に大きく依存しています。それは赤ちゃんにとってそれまで必要だったことなのです。けれども，1歳児は，母親に重荷を負わせていること，つまり，母親が自分の代わりとなってやってきてくれたことに気づいていきます。そして子どもは，このように気づくことで，母親にダメージを与えてきたのではないかと恐れるとともに，母親に対して深い気遣いを抱くようになります。人は，愛情をより深く抱くにつれて，責任を持つようになっていきます。そして，最終的には，失恋の痛みを経験するのです。つまり，母親をまるごと所有しているという考えは，非現実的なものだと理解するのです。そして，うまくいけば，それに代わって，母親は父親と結婚しており，母親と父親という両親カップルによって自分は支えられていると感じるようになっていきます[訳注4]。

　1歳児を理解することは，このような身を焦がすような愛情とそこからくる痛みが，どのようなものなのかを少しでも理解することと言えるでしょう。この年齢の赤ちゃんが，周辺で起こっていることに「幼くて気づかない」ということはありません。特に，愛する者に関係することであればなおさらです。赤ちゃんは経験が少ないため，たやすく混乱してしまうのですが，その愛情が激しくて切ないほどのものであることはありありとわかります。

　ルカの母親は，1歳の息子の授乳を止める前の数カ月，ちょうど自分自身の人生が大変な時期であったと話してくれました。彼女は，授乳の途中で，そのときに抱えていた問題のことを考えはじめ，気分が自然と沈んでいったことを話してくれました。彼女は，気分が落ち込んでいることをルカには見せていないつもりでした。けれども，ルカがおっぱいを吸うのをやめ，彼女の眼をまっすぐに見ようと顔を上げたので，彼女は驚きました。ルカが彼女を深く気遣っている表情をしたので，彼女はハッとしました。ルカが母親の表情を入念に調べ，母親の視線をつかんで離さないことにも驚きました。母

訳注4）ここで筆者は，精神分析でいうエディプス葛藤について述べている。第2章の「協力し合うカップルという概念」参照。

親が笑いかけ話しかけると，ルカはふたたびおっぱいを吸い始めました。

　赤ちゃんや幼い子どもは，ルカのように，お母さんの気分や心の状態に細心の注意を払っています。母親が真に生き生きした感情を示すなら，赤ちゃんは，母親に自分たちの面倒を見るための情緒的なエネルギーが，なにはともあれ，まだ残っているのだと分かってホッと安心することでしょう。母親は，自分が長期にわたって落ち込んだ気分でいると感じるのなら，一般診療医を受診する必要があります。こうした時期は大変ですが，幼い子どものいる親は，元気を回復するまでの間，しばらく人にすっかり頼り切る必要があることも多いのです。

　1歳児の側から状況をもう一度見てみましょう。1歳児は，愛する人との分離から生じる欲求不満と痛みを体験しながら，そこで感じる愛と責任をめぐる強烈な感情にどのように耐えたらよいのかという問題に直面しています。それは，赤ちゃんがこういった感情を体験しないように親が守ってあげることができるかどうかの問題ではありません。こういった感情は，人間であり世界に関わっている以上，生じるものなのです。とはいえ，親は，1歳児が経験する必要のある感情がどれほど激しいものかよくわかってあげることで，これを乗り越えていく手助けができるでしょう。人は，誰かが，自分自身のことや，自分の心の痛みを分かってくれると，大きな力を得るのです。そうした人がそばにいると，力になってくれる人やカップルが自分の心の中にいるのだという信頼感をしっかりと抱くことができるようになります。そして，そうした考えは，避けられない別れのときだけでなく，人生を通して，人を支えてくれるものなのです。

信頼感を育んでいくこと

　こうした信頼感が1歳児の中で育っていくためには，生活をともにする大切な人たちとの間で信頼感を育むことから始める必要があるでしょう。それはたいてい親と言うことになります。特にひとり親の家庭の場合には，拡大家族の中にも，子どもにとって重要な役割を担う人物が含まれることになる

でしょう。赤ちゃんが親への信頼感を育んでくのを促す方法はいろいろあります。その一つは，分離とどのように取り組むかに関わってきます。

　ナターシャの両親は，生後22カ月になる娘が，親にしがみついて離れなくなってきたことを心配していました。ナターシャは，どちらの親にも，自分の目の届かないところに行って欲しくないと思っているようにみえました。両親が，たとえばショッピングに行くためにナターシャを託児室に預けるといったような計画を立て，決してそのことを口に出さないように注意していたとしても，彼女はその気配を事前に感じ取り，むずかるのでした。託児所に足を踏み入れる段になると，彼女はたいてい激しく叫び始めました。ナターシャの両親は，このころ彼女をプレイグループに入れ，週に3回，数時間の間，そこに預けることを始めたばかりだったので，この分離の際のナターシャの様子には特に悩みました。それは，うまくいっていなかったのです。

　母親は，ナターシャをプレイグループに連れていったときの様子を話してくれました。ナターシャが粘土遊びに夢中になって，母親のことを見ていないときに，母親はそっとプレイグループから抜け出すのだそうです。初めのうちはこれでうまくいきました。理解あるベテランのキー・ワーカー（担当スタッフ）でも彼女を慰めることができなかった何回かは，早めに迎えに行かなければなりませんでしたが。けれども最近では，彼女を置いて行こうとすると，たとえそのとき粘土遊びをしていても，片方の手で親の手を固く握りしめるようになりました。それでも置いて行こうとすると，彼女がたいそう泣き叫ぶので，両親は，分離に際して，そうそう彼女を置いていく気にはなれませんでした。

　キー・ワーカーと話し合い，ナターシャの分離にまつわる不安についてさらに考えたあと，両親は違うアプローチをすることに決めました。彼女がプレイグループという新しい経験に馴染みつつあるので，当分の間，別の不慣れな託児所にナターシャを預けるのを見合わせることにしたのです。両親はまた，プレイグループにつれて行くときには，前もってナターシャに心の準備をさせるように，簡潔にきっぱりと言い聞かせるようにしました。両親は

ナターシャにこう伝えました。「5分間は一緒にいるよ,それからしばらくさよならだ。だけどあとで戻ってきてお前を連れて帰るよ。」ナターシャはまだ話ができないのですが,これをハッキリと理解し,泣き始めました。両親は動揺しましたが,ほんのしばらくの間だから大丈夫だろう,とナターシャを信じる気持ちを持ち続けることができました。

　ナターシャが分離の前に泣き,そのとき両親が彼女の不安を受け止める[コンテイン]機会を持ったことで,プレイグループから両親が去って行くときにナターシャがパニックになることは減りました。両親がさよならを言うと,ナターシャはまだ大声で抗議していました。親の方もその様子に同情的になりましたが,立ち去るときにはキー・ワーカーの手にナターシャをきっぱりした態度で預けました。両親がストレートにさよならを言うようになった今,ナターシャはこの決まりごとを理解し始め,より事態をコントロールできていると感じているのは明らかでした。その時点でさらなる信頼感を育てたことで,ナターシャは,両親は言ったように迎えに来ると確信することができたようです。

　2週間もすると,ナターシャの両親は,彼女がもうしがみついてこないと分かって安心しました。キー・ワーカーは,ナターシャは両親がいなくなったあと数分もすると泣き止み,自分が楽しめる活動に夢中になっています,と報告しました。ナターシャはプレイグループでの数時間なら以前よりも落ち着いていました。一つの活動から別の活動への変わり目になると不安になることがあり,そのときにはもう一度落ち着くことができるように余分に元気づけないといけないことがあることに,キー・ワーカーは気づきましたけれど。別れについての決まりごとによって両親を信頼できたことは,ナターシャにとって,心の中に信頼できる両親というカップルがいる,という感覚を強めたようです。この考えは,キー・ワーカーの思慮深い配慮とも合わさって,ナターシャが両親と離れている間,時間を過ごすのを支えたように思われます。

　1歳児が後戻りするよう駆り立てられ,親や養育者からこれまで以上に安心させてもらうことを必要とする時期や状況というのは,必ずあります。と

きにそういった後退は，新しい発達が見られたまさにそのあとで起こったりしますので，その前に見られた進歩を考えると，不可解な感じがします。しかし，しっかりと根付いた自立心と，心細く卑小なものであるという感情の間を，いくらか揺れうごくのは，とても自然なことで，子ども時代を通じて続くことなのです。

　決まりごとが赤ちゃんや幼い子どもにもたらす安心感を，過小評価すべきではありません。それは，赤ちゃんがどれほど人に依存することを必要としているかを思い出させてくれます。こうした依存の必要性を踏まえれば，赤ちゃんにとって，はっきりと確定している決まりごとがあるということが，生活が予測可能で安心できるという感覚をどれほどもたらすか，わかります。1日の生活の流れに馴染みの感じがあれば，コントロールできているという感覚はもっと深まりますし，予想できないことについて不安な気持ちになってしまうことはもっと少なくなるでしょう。もちろん，決まりごとは家族生活において，誰もがいくらかは自由だと感じられるくらい柔軟なものでなければなりませんが，1歳児の食事やお風呂，それに寝る時間に関わる決まりごとは，安全な環境を赤ちゃんに提供することになります。決まりごとは，子どもが家庭生活から提供されるものに信頼感を育んでいくのを助けます。そして，未知の事柄に翻弄されることが少ない世界に信頼感を育んでいくのを手助けするのです。

ぐっすり眠ること

　夜を通して眠れるということは，赤ちゃんや幼い子どもにとって，ひとつの達成です。眠りは，食べることと同様，1歳児を悩ませたり混乱させたりするものがあると，真っ先に乱されることの一つです。

　眠りに落ちることは赤ちゃんにとって分離状況のひとつである，と考えることも有益かもしれません。それは別のさよならなのです。このさよならは，未知なるものに満ちた夜を通して，続く必要があるものなのです。眠りに「落ちる」ことをめぐる赤ちゃんの不安は，情緒的に安全にしっかりと抱

えられているのかどうかという不安と繋がっているかもしれません。あるいは，赤ちゃんが夜の暗がりの中で親の心からこぼれ落ちてしまうのではないかという不安と繋がっているのかもしれません。それは実に，信頼できるのかどうか，という問題への回帰です。

夜は，悪夢を誘いかねない要素をはらみつつ，童謡を通して静かに，しかしはっきりと語りかけます。

　　ねんねんころりよ　こずえの上で
　　風が吹いたら　揺れるのよ
　　枝が折れたら　落ちるのよ
　　その時あなたも　揺りかごも
　　みんなそろって落ちるのよ[訳注5]

一見，この歌は必ずしも気が安らぐものではありません。ですが，この詩を子守歌として歌う親の思いは，不気味で曖昧なそして予測のできない夜の恐怖すべてを，なだめるようなトーンの中になんとかして閉じ込めようとするもので，それが物語るのはむしろ，子どもの夜間の恐怖を情緒的に包み込み，抱える親の能力なのでしょう。一方，幼い子どもの信頼が揺れ動くのは，彼らが，親が実際に持っている情緒的に子どもを抱える能力というよりも，むしろ，自分の心の中に持っている助けになる人物をしっかりつかんで離すまいと奮闘していることに関係しているのかもしれません。赤ちゃんは，自分と親とは違うということから生じる不安を鎮めてもらう必要があるのかもしれません。

親の役割として，子どもの心の中にある夜間の恐怖を率直に認めてあげることが必要でしょう。別の恐怖や恐怖症のように，夜間の恐怖は，子どもから発するかんしゃくに似た敵意のある感情が投影されて生じてたのではないか，と理解することは助けとなるかもしれません。こういった感情が，その元の持ち主である子どもからあまりにも切り離されてしまっていると，その

訳注5）英国の童謡『マザーグースの歌』の一節。

感情を自分に関係のあるものとして理解することがとても難しくなります。はじめに持っていた怒りの感情は，真夜中に攻撃しに戻ってくる訳のわからない恐怖へと変わってしまいます。けれども，まずその怒りの感情を，子どものパーソナリティの一部分なのだと理解することは，そのような恐怖を弱め，より納得のいく理解をもたらすのに大変役立ちます。

　毎晩同じ時間にベッドに入るという日課を守ることは，幼い子どもが安心感を持ち，眠りにおちいる前に親に情緒的に抱えられていると感じるのを助けるでしょう。

　就寝の日課は，アニーが言葉を話し始めたときに，はじめに喋った事柄の一つでした。彼女は好んで次に何をするのかを予測し，まだお風呂に入っているときに，ヒーター上に彼女のためにいつも掛けていた「温かいタオル」のことを尋ねたものでした。一杯のミルクを飲み，ベッドで絵本を読み，彼女の1日は夜7時で終わりました。

　一日のこの時間帯に，赤ちゃんと穏やかな時間を過ごし，単純な馴染みのことをすることは，赤ちゃんがリラックスしたり落ち着く助けとなります。ピーターとクリスティーンの家族の就寝の日課は，絵本の読み聞かせをするときには，いつもお皿に果物を用意するというものでした。ベアトリスのお母さんは，絵本の読み聞かせのあとに，いつも子守歌を歌いました。それぞれの家族によってそれぞれの日課がありますが，同じ日課が毎回繰り返されるということが，就寝時にはとりわけ気持ちを落ち着かせることになるようです。

　もちろん日課があっても，家庭が，就寝時に静かなオアシスになることがないのは変わりありません。タオルがお風呂に落ちてしまったりとか，果物がカーペットに落ちて潰れてしまったりとか，子守唄が騒音によってかき消されてしまった，などということがあるものです。実際はこうしたことが起こるのが，現実の生活なのです。けれども役に立つ馴染み深い日課には，頼りになるところがあり，その前に大乱闘があったとしても，毎日の日課が幼い子どもを抱えるばかりか，その家族をひとつにまとめることがあるのです。

トイレット・トレーニングを考える

　トイレット・トレーニングについてどう考えるかは，時代によって移り変わりがあります。まず問題になるのは，いつ始めるのか，ということのようです。前の世代は，2回目の誕生日までにはオムツがとれるべきだ，という考えを持っていましたので，トイレット・トレーニングを早くに始める傾向がありました。現代の傾向は，もっと遅くにトイレット・トレーニングを始めます。赤ちゃんの主導に従い，赤ちゃんがオムツから卒業する用意が整っていると思えるときに始めるのです。

　しかしながら，外側から，トイレット・トレーニングを始めるように促されるプレッシャーがかかることが度々あります。子どもが2歳頃にもなると，数時間くらいプレイグループに加わって欲しいと願う親もいます。たしかに2歳頃というのは，多くのプレイグループの開始年齢なのです。でもプレイグループは，トイレの躾ができている子どもを受け入れる傾向があるのに対して，トイレット・トレーニングは，あなたの子どもには早すぎるかもしれません。プレイグループによっては，トイレット・トレーニングを手助けする用意があるところもありますので，その場合は，あなたの赤ちゃんにとってより良い環境となるかもしれません。

　親がトイレット・トレーニングを始めようという気持ちになることとして，下に次の赤ちゃんが生まれそうな場合があります。できることならば，同時に二人の子どもにオムツをしなければならないというようなことは避けたいと思うのでしょう。けれども実際には，トイレット・トレーニングが終わった子どもでも，家族に加わった新しい赤ちゃんに反応し，少なくともしばらくの間，もう一度オムツをはきたい，と頑固に主張したりするのです。同じように，新しい赤ちゃんが家に来ると，1歳児は，しばらく前からもう一人で食べることができていたとしても，あなたに食べさせて欲しいと主張することもあります。このようなUターンの背後にある1歳児の論理は，とにかく今は，自分が自立した姿を見せる好機だとは思えないということのようです。新しい赤ちゃんが家に来たとき，幼い子どもは，それでもお母さんがそ

ばにいてくれて，自分の赤ちゃん的な要求の世話もしてくれるのだ，と大い
に安心させてくれることを必要としているのかもしれません。

　トイレット・トレーニングの準備ができているということも，やはり信頼
の感情と結びついています。これは一夜にして確立されるようなものではあ
りません。時間をかけて育てていくことが必要です。トイレット・トレーニ
ングをいつ始めるかということについて，幼い子どもの主体性に従うように
するのには実際的な理由もあります。親の一般的な気持ちは，早く始めす
ぎると，トイレット・トレーニングが完結するまでの全過程にかかる時間が，
単純にとても長くなる，というものです。もし幼いわが子にトイレット・ト
レーニングを始める準備ができているならば，親子が同じ目標を心に抱いて
いるので，協力して取り組むことができるというわけです。

　キーランのお母さんは，3人の息子たちのトイレット・トレーニングの経
験を話してくれました。最初の子どものときは，トレーニングがずっと続く
ように思ったそうです。一時は，彼女は完全に絶望してしまい，息子が大人
になってもオムツをしているのを想像したぐらいでした。2番目の子どもは，
トレーニングの全過程を遅くに始めたので，すべてのことがより速やかに運
んで行ったそうです。そして，キーランの番が来たときには，彼女はトレー
ニングをしていることすらまるで気がつかず，キーランが自分一人でトイレ
ット・トレーニングをしたのだと実際に感じたのだそうです。キーランは自
分で決心して，オムツをはずしたように見えましたが，確かにそんな感じだ
ったのです。

　幼い子どもはどのようにして，キーランのように，そろそろトレット・ト
レーニングする時期が来ていると自分で感じるのでしょうか？　もちろん，
括約筋をコントロールする力が発達することによって，膀胱や腸の中にある
ものを保持することができるという身体的な準備ができている必要がありま
す。しかし，情緒的な準備ができている必要もあります。そしてこちらのほ
うがより複雑な問題なのです。

　まずはオムツが赤ちゃんにとってどのような意味を持つのか，ということ
を理解することが，助けになるかもしれません。オムツは，それまで赤ちゃ

んにとっては安全を意味するものでした。というのも、オムツは、ぐちゃぐちゃなものを包み込んで、親が処理できるようにしてくれていたのです。オムツはまた、親が赤ちゃんのぐちゃぐちゃな感情を包容し処理する必要があることを、象徴的に表してもいます。赤ちゃんはオムツを手放すとき、それまで頼りにしていた身体の上での安全を手放さねばならないのですが、それは心の中に象徴化されて持ち続けられる必要があるのです。赤ちゃんは、ぐちゃぐちゃの排泄物を手放すことのできる別の場所を自分が見つけられると信じ、そして自分のぐちゃぐちゃの感情はそれでも安全にお母さんとその心の中に包容されることを信頼できなければなりません。一つの安全感を手放して、それを別のもので補うということなのです。けれども、もし赤ちゃんが、包容してくれる人という考えを心のうちにしっかりと持ち、それを信頼し、頼ったりすることができないならば、ひとつの保障を失った後に、それに代わるものがないということになるのです。

　信頼感や安全感が築かれるのには時間がかかります。幼い子どもは、オムツをやめる自分なりの時期を見出すのと同じように、すぐにオムツを交換されたり、拭かれるのを望まずに、オムツのなかに排泄物を持ち続けようとすることがあります。こうした子どもは、自立に向かっていくにつれて、自分ができることをもっと自分でコントロールしようとしているのかもしれません。これはデリケートな問題ですし、繊細な配慮をしながら取り組む必要があります。もっと自立して、自分をコントロールできるようになりたいという子どもの願望が、最終的にはオムツを完全にあきらめることへの動機付けとなるからです。さしあたっては、赤ちゃんができるだけ尊厳を持つことができるように妥協する必要があるでしょう。

　わが子に2歳の誕生日が近づいてきても、トイレット・トレーニングを始める準備ができているように思えないかもしれません。けれども、オムツがいっぱいになったときに知らせてくれるようになったり、うんちやおしっこをするときに自分で決めた場所に行ったり、（たまたま自分の近くにある）トイレやおまるに関心を持ったり、明らかにオムツに苛立っていたり、といった昔から言われているサインが見られた場合、トイレット・トレーニング

について考え始めるときが来たのだ，と思ってよいでしょう。また想像力豊かに，かつ面白く，トイレット・トレーニングのテーマを手ほどきしてくれる，素晴らしい子ども向けの本もいくつかあります。この問題全体にプレッシャーを感じるでもなく，また赤ちゃんの準備も整っているようだという自分の感触に確信が持てるところに来ているのなら，それがトイレット・トレーニングを始めるのに最良ときなのです。

第5章
子ども自身の人生を歩んでいくこと

家の外に出ていくこと

　1歳児を家で世話していると，へとへとにさせられることがあります。一日が朝の6時前に始まり，それから長い一日が始まるのです。そんなとき，これからの12時間のある時点で，決まった行き場所があることは，驚くほど気持ちをリフレッシュさせてくれることでしょう。大人同士のつきあいはほっとすることでしょう。親であれ養育者であれ，家の外に出るだけで，一日の感じ方に大きな違いが出てきます。赤ちゃんもおそらく同じように感じるでしょう。お出かけはいつでも刺激的な冒険なのです。
　家の外で1歳児と一緒にできることは，たくさんあります。ある2児の母親は，母親ヘルパーを探していました。友人からの推薦があったウラという若い女性が，彼女と子どもたちに会いに来ました。午前中ずっと雨が降っていたので，その母親は，「もしこの仕事を任されたら，今日のような日には子どもたちとどんなふうに過ごしますか」とウラに尋ねました。ウラは，「子どもたちにコートを着せて長靴をはかせて，バシャバシャ遊べる水たまりを探しに連れ出すことを考えます」と答えました。その話を上の子どもは聞き逃しませんでした。言うまでもなく，ウラはその日の午後から雇われ，子どもたちは，大いに雨を楽しんだのでした。
　地域の中で，同じ年代の子どもを持つ他の人々と繋がりを持つことは，子

第 5 章　子どもの人生を歩んでいくこと　　175

どもたちにとっても，そして大人にとっても良いことです。その際に，公園，特に子どもの遊び場がある公園が好まれます。公園によっては，大人同士が集えるカフェがあります。あるいは，幼い子どものためのさまざまなアートとクラフト活動をする「1時クラブ^{ワンオクロック}」を行っている公園もあります。

　おもちゃの図書館は，よちよち歩きの子どもに人気のある場所ですし，穏やかだけれど刺激に満ちた環境を提供しています。1歳児はそこで心ゆくまで遊べますし，ときには近所の他の子と出くわしたりもします。また，地域にある立ち寄り型のプレイグループは，他の人とばったり出会うのには理想的なところですし，たいていおもちゃが用意されていて，子どもたちが自由に遊べるようになっています。また，大人にも座ってコーヒーを飲める場所が用意されていたりします。新生児がいて，オッパイをあげるか哺乳瓶を飲ませる間，連れてきている1歳の子を遊ばせておく必要があるときには，特に便利な場所です。子どもが新しい場所に慣れてくると，どんどん大胆に遊ぶようになり，そして親から離れて遊ぶことが多くなるでしょう。1歳児がこういった環境を探索する様子はいくら見ても飽きない楽しいものです。それだけでなく，短い時間ですが比較的ゆったりとした気分で子どもが遊んでいるのを眺めてもいられます。

　この年齢の子どもたちは，一緒になって遊ぶというよりは，一緒にはいますが別々に遊びます。自分と同じくらいの大きさの他者への関心は，見ていて驚くほどです。彼らは普通，遊び始める前に，たっぷりと見つめ合います。いくらかためらいがちに手を伸ばしたり触ったりすることもあります。こういった儀式を一通り終えると，そのあと彼らはおもちゃの方に心を奪われていくことが多いようです。遊び場をあちこち動き回ったり，欲しいおもちゃを手に取ったりして，自分の遊びに夢中になっていくにつれ，別の子どもにも物を手渡したりすることもあります。このような平穏が続くのは，思いがけない出来事が起こるまでのことです。そのとき子どもの一人がやって来て，自分が遊んでいたおもちゃを奪い取ろうとするのです。この時点で，大人のコーヒーブレイクは終わりを告げます。

分かち合うことを学んでいくこと

1歳児が自然に他の人と分かち合うことができるようになることはありません。分かち合うということは，すべての人のニーズは等しく大切なことなのだと考える文明社会の一員になるために，学んでいく必要のある行動なのです。自尊心の強い1歳児にとっては，これは，まったくもって性に合わない概念なのです。それだけに，身につけるのが難しいレッスンになるかもしれません。

お母さんに，小さなお友達がうちに遊びに来るよ，と知らされたとき，ジョシーは明らかに喜んでいました。その「お友達」は時間通りに到着し，子どもたちは，お母さんたちがいる部屋の隣にあるリビングの床の上で，おもちゃで遊び始めました。しかしすぐに発覚したのは，おもちゃがすべて，ジョシーの後ろに集められていることで，ジョシーがおもちゃを取られないように守っているように見えました。友達の方には，遊ぶものが何一つ残されていませんでした。ジョシーのお母さんは，二階からもっとおもちゃを集めて持ってきました。ジョシーが特別気に入っているわけではないと思えるおもちゃを注意して選んできたのですが，おもちゃが小さなお客さんに与えられると，ジョシーは金切り声を上げたので，お母さんはとても決まりの悪い思いをしました。数週間後，この友達がふたたび遊びに来たとき，その子は自分用のおもちゃバッグを持ってきていました。

本書ではここまで，遊ぶことは世界を探索することであり，そして赤ちゃんの世界は母親をもって始まるということを述べてきました。母親以外のものごとへの赤ちゃんの関心は，母親に対して興味を抱く能力から発しています。そうして母親への興味が，さらに広い世界への興味につながっていくのです。この考えに従えば，ジョシーが分かち合うことが難しかったのは，おもちゃそのものよりも，おもちゃが象徴していることと，より関係があったのかもしれません。1歳児が分け合うことがこんなにも難しいのは，おもちゃそのものではなく，最愛のお母さんを他の誰かと分かち合うという考えなのです。このことが，おもちゃの取り合いに表われています。独り占めした

いという願望，つまり「あなたのすべてが欲しい」という願望は，赤ちゃんのお母さんへの関わりの本質にあるものです。これに関連して，親が気づくことが多いのが，新しい赤ちゃんがこれから生まれてくるとか生れたばかりというときに，おもちゃや他の物を分かち合うことが特に難しくなるということなのです。

　この点で子どもを手助けするには，気長にやっていく必要があります。幼い子どもを分かち合うことができるように援助すれば，子どもが友達にもっと好かれるようになるだけでなく，子ども自身を安心させることになるでしょう。もし子どもが分かち合うのではなく，あらゆる物を人から奪い取ることばかりしていれば，最後には，罪悪感と破壊的な気持ちで圧倒されてしまうことでしょう。他の子どもたちと一緒にいる中で許容される行動とはどういうものか，はっきりとした枠組みが設けられると，赤ちゃんは，自分の貪欲さと独占欲がコントロールされ，包容されていると感じるでしょう。

　もし新しい赤ちゃんが生まれてきたか，間もなく生まれてくるのであれば，1歳児は，母親に，「お母さんはあなたのことも赤ちゃんのことも思っているのよ。だから，誰も，お母さんをとられてしまうことはないのよ」と安心させてもらう必要があります。下の赤ちゃんとお母さんを分かち合うという，この考えと折り合いをつけることと，きょうだいを持つことは，分かち合うこと全般を学んでいく過程で助けになります。特に，お母さんは子どもたちみんなを心の中に持ち続けることができるのだ，と幼い子どもが認識していく助けとなります。

お友達との過ごし方

　他の子どもたちに紹介されることは，赤ちゃんには楽しいことですし，また他の子とどのように一緒にやっていくのかを学ぶのに役立ちます。こうしたときいつでも手助けできるように傍にいてあげましょう。おもちゃを分け合うのを手伝ってあげるだけでなく，お友達に受け入れられるような振る舞いができるよう手伝ってあげましょう。おそらく1歳児は，自分のやり方で

やりたがるでしょうけれども，周りのみんなを支配することは，みんなから慕われないことになる，ということをすぐに学んでいくでしょう。相手を叩いたりといった身体的攻撃も同じことです。文化的行動には基本的なルールがあるのです。そして，そのガイドラインを子どもに教えることは，子どもがお友達を作るのを手助けすることになるでしょう。

プレイグループでは，母親が子どもを連れて他の子どもに謝りに行く光景が部屋中でよくみられます。このようにして子どもは学んでいくのです。このようにお友達に謝りに連れていかれることのない子どもは，えてして他の子を傷つけたりする子どもになりやすいのです。それはその子の評判を悪くするので，損をさせてしまいます。そのような社会的な環境の中で，反社会的行動に目をつぶることは，子ども自身のためにならないのです。というより，お友達との過ごし方を学ぶ機会を逸してしまいます。家族にもしも新しい弟か妹がいるなら，こうしたプレイグループでのほかのお友達とのトラブルは，1歳児が友好的に他の子どもと一緒にいる方法を学ぶ，絶好の機会となります。

ジョージナには，生れたばかりの妹，エイミーがいました。母親は，ジョージナが新しい赤ちゃんをいじめている様子を話し，そのことにどれほど動揺しているかを話してくれました。母親は，どうしていいのか分かりませんでした。いじめに気づいたときには遅すぎる，ということがしばしば起こっていたのです。エイミーをやんわりとたたく，ということから始まったことが，次第に平手打ちになっていったのです。また，しばらくエイミーの頭に口づけをしているうちに，エイミーを痛みで叫ばせるほどの嚙みつきなるのでした。

こういう攻撃が見過ごされるとき，その背後にある攻撃的な気持ちは親によって包容されないままに残され，さらに怖ろしいものになってしまうかもしれません。ジョージナが自分の攻撃性から守られていると感じるためには，エイミーを傷つけることを止めてもらう必要があったのです。攻撃が続くことは，ジョージナの母親を余計に怒らせてしまい，母親をさらに遠ざけてしまいます。こうなりますと，ジョージナはエイミーにもっと敵意を向けるよ

うになってしまいます。攻撃的感情からしっかり守られていないという感覚が，結局のところは，みんなを不安な気持ちにさせてしまいました。そこで家族は，ジョージナと話をすることで対応しました。ジョージナには，新しい赤ちゃんをとても好きだと思うこともあれば，とても嫌いに思うこともあるのだろう，と話しました。また母親は，ジョージナに特別に気持ちを注げるように，彼女と二人っきりになれる時間を作るよう努力しました。

　家族の中の誰もが，保護される権利があります。特に新しい赤ちゃんは，傷つけられやすい存在です。ジョージナの例のように，1歳児が新しいきょうだいと部屋で二人っきりにされても，嫉妬の高まりをコントロールできると考えるのは，期待しすぎです。赤ちゃんが攻撃から護られる必要があるのと同じくらいに，1歳児は，自分の攻撃性から護られる必要があるのです。

　家族内での嫉妬や競争心に向き合い扱っていくことについては，赤ちゃんが家族の中でどのような位置にいるのかについて考えたところで，すでに述べてきました。新しいきょうだいは，さまざまな強い感情を搔き立てるので，1歳児がその感情に対処するには，親の助けが必要です。こうしたときに，まず子どもたちにしてあげられることは，感じることと，すること，との違いをはっきりとさせてあげることでしょう。たとえば，怒りを感じるのはいいけど，嚙みつくのはいけませんとか，やきもちの気持ちを持つのはいいけど，叩くのはいけません，といった具合に，です。受け入れることのできる行動のガイドラインは，家族内で設定すべきです。そしてそのガイドラインは，のちに，子どもが，よそのうちの子どもたちと接触するときに役に立ってきます。そうしたことすべてが，将来のための良き実習なのです。

構造化された遊びの設定にいるとき

　1歳児に経験させることのできる活動には，他にもっと構造化されたものがあります。たとえば，音楽とダンスのグループ，なぐり描きアートのグループ，読み聞かせのグループ，体操のグループといったものです。この種のグループには指導者がいて，1歳児はグループの一員として，母親と一緒に

座って与えられた課題に取り組むことが求められます。このくらいの幼い子どもにとっては，座っていること自体が一つの達成です。それから指導者はグループを導いて，指示を与えていきます。グループには他のさまざまな1歳児たちが集まってきますが，そこでの経験は，とても面白いものです。また，親は，違った状況の中にいる自分の子どもの様子についてもっとよく知る機会にもなりますし，家では気づくこともなかったようなことがはっきりと見えてくるかもしれません。

　ヘレンのお気に入りのお出かけ場所の一つが，図書館でした。母親は，毎週月曜日の午後に彼女を連れて行きました。というのも月曜日には特別な読み聞かせの時間があるからでした。女性の図書館職員が，自分の前に幼い子どもたちを集め，大きな本を開いて，絵を見せながら読んでいくのです。いくつかお話を読んでもらったあと，子どもたちはクレヨンと画用紙をもらって，何でも描きたい絵を描くのです。

　ヘレンのお母さんは，生後22カ月になる娘が，公園のウェンディハウス（子どもが入って遊ぶ小さな家）やよその家で他の子どもたちと出くわすと，体をこわばらせることをそれまで心配してきました。けれども，図書館で行われている読み聞かせの時間の静かで構造化された設定の中では，新しいことが起こり始めたのです。母親がそれまでに見たこともない仕方で，ヘレンが他の子どもに接近し始めたのです。ヘレンは他の子どもたちの絵をじっと見て，それから自分が描いた絵を見せたのです。

　ヘレンの様子を見て，母親は，娘が静かで落ち着いた活動を好むのを知りました。母親は，普段ヘレンが周りの子どもたちを恐れたのはなぜだろうと思いました。ヘレンは何にナーバスになっていたのだろう？　子どもたちの何かが，安全でないと感じさせたのだろうか？　どう助けてあげればいいのだろう？　ヘレンがこの静かな環境の中で，自分の声を発見し，自信をつけていったことに母親が気づくにつれ，少なくともひとつの疑問には答えが与えられたように思えました。

　ロイスのお母さんは，毎週娘を「アクション・キッズ」に連れて行きました。エネルギッシュでとても熱心なジャニスという先生のいる，活発なグル

第5章 子どもの人生を歩んでいくこと　*181*

ープでした。ジャニスは次々と巨大なシャボン玉をつくり，そのシャボン玉を割ろうと，子どもたちは（ときに親や養育者の手をつかみながら），ジャニスの後をついて部屋中を走り回りました。それから，障害物コースもあって，そこでは服を着替えたり，帽子をかぶったり，大きなテントの下に隠れたり，ほかにもたくさんのゲームが仕掛けられていました。ちょうど生後23カ月になったロイスは，とても喜んでほとんどすべての活動に加わっていました。けれども母親は，ロイスがある特定のゲームに尻込みするのに気づきました。

　ジャニスは，カラーボールの入った巨大なバッグを取り出し，それからボールを全部，床に転がしました。次に彼女は，ある色のボールを拾い上げて，子どもたちに同じ色のボールを全部集めてバスケットの中に入れるよう求めました。子どもたちはボールを集め，正しい場所に入れるために突進して走り回りました。けれどもロイスは，この場面に圧倒されているように見えました。母親は，何をしたらよいかロイスには分かっている，と思いました。ロイスはボールを見つけても，わざとゆっくりとそれを取りに行くので，いつも他の子に先にそのボールを取られていました。ロイスは，狼狽えているというよりも，むしろ，他の子どもたちがしていることに目を奪われているようでした。あたかも，ボールゲームよりもよほど面白い活動だというように，他の子どもたちの様子を見ていたのです。他の1歳児にラグビーのタックルを浴びせ，ロイスのためにボールを確保して，ロイスをゲームに戻してあげたいという誘惑とたたかいながらも，母親は，娘の性格について少しわかった気がしたのでした。

　一体このボールゲームは，何だったのだろう？　ロイスの母親には，明瞭な答えはありませんでしたが，たくさんの疑問が心に浮かんできました。ロイスが圧倒されたのは，何だったのだろう？　カラフルなボールがばらまかれて，それを取ろうと突進するといった，このゲームのペースに圧倒されたのだろうか？　それとも，正しい色のボールを選ぶという教示が難しすぎたからだろうか？　同じボールを取ろうとする子どもと争いが起こることを恐れたのだろうか？　あるいは，ロイスは攻撃的な競争心が自分のなかにある

のを恐れていて，その恐怖がボールを取ろうとするのを控えさせ，かわりに，ゲーム中の他の子どもたちに見られる，この種の競争心を傍観する方に向かわせたのではないか？

　ダニエルの母親は，また違った状況にいました。彼女は生後20カ月のダニエルを，地域の音楽グループに連れて行くことにしました。そのグループはスーダという，笑顔の生き生きとした音楽家が指導していました。あいにくそのグループは，ダニエルの昼寝の時間帯に始まるので，そこへ行く途中でダニエルはベビーカーの中で眠ってしまい，グループの活動時間の間中寝ていました。母親は，ダニエルが目覚めて，グループの活動を見る機会があったらよいのに，と思ってそこに居続けました。グループでは，いっぱい歌ったり，手を叩いたり，動いたり，楽器を鳴らしたりしていました。けれどもハイライトは，スーダが大きな手持ちのドラムを持って出たときでした。ドラムの表面は，かなり魅惑的でカラフルな渦巻きで装飾されていました。グループは，静かになりました。スーダは，子どもたちに一人ずつ来て，スティックでドラムをドンと叩くように誘いました。数人の子どもが，畏れ多い儀式に参加するかのように，そのドラムに思い切って近づいていきました。ひとりの親がダニエルの母親に，うちの坊やはこの音楽グループに数カ月通っているけれど，今初めて太鼓をたたきに行ったわ，と話しました。次の週，ダニエルは昼寝するのをとばして，ドラムを叩いたのです。それもかなり強く。スーダでさえ，驚いたように見えました。

　ダニエルの母親は，彼がドラムを叩いたのに喜びはしましたが，ドラムを叩いたときの力の強さを不思議に思いました。このことについて考えているうちに，母親にはダニエルの習慣のことが思い出されてきました。その習慣は，授乳していた時期に始まったもので，母親の小指をつかんで，おっぱいを飲んでいる間とても優しく握るというものでした。この習慣は今でも続いていて，生後22カ月になってもやっているのですが，いろいろなバリエーションを持つようになりました。母親にくっついているときには，母親の「小指ちゃん」を手にとって，優しくなでたりギュッと握ったりし始めるのです。これはしばらくの間続くのですが，ついにはそんなに優しくない握

方になったので，母親は手を引っ込めざるを得なくなりました。

　ダニエルの母親も，心の中にたくさん疑問をもってきました。初めは，なぜダニエルの指の握り方が変わったのだろう，と思いました。優しい愛撫がきつくて痛いものに変わったのは，どういうことなのだろう？　力一杯ドラムを叩いたこととつながりがあるのだろうか？　ポジティヴなことなのだろうか？　彼が，一方では愛し，もう一方では敵意を持つという，アンビバレントな感情を持つことが出来ていることを示しているのだろうか？　ダニエルが私に対して感じていることなのだろうか？　そうした愛情への依存にまつわる何かが，辛いものに感じられているのではないだろうか？　優しく撫でてくれることが少なくなって，友好的でないものに変わったのはなぜなのだろう？

　子どもの気持ちに関心を持ち，子どものことを知ろうとし，次々に心の中に起こってくる疑問を考え続けることは，かならず，子どもの性格を理解することにつながります。子どもに合ったものに気づくこと，子どものリードに従うこと，心の中にその子がどんな子かを思い描き，それを日々アップデートしていくこと，こういったことすべてが，子どもを知っていく手助けとなります。かなり構造化された設定の中で幼い子どもを見ることは，彼らが何を扱うことができて，何が難しいと考えているのかを，知るのに役立つでしょう。赤ちゃんの力が開花するのはどのような環境なのかに気づくことは，親を元気づけてくれることでしょう。親に助けられながらも，より構造化された設定の中に身を置くという経験は，親が子どもを理解するのに役立つだけでなく，1歳児が，最終的には親がいなくてもその中でうまくやっていかなければならない環境に，ゆるやかに慣れていくことに役立つのです。

おわりに──希望を抱いて前を向いて生きること

　私たちは，自分自身が1歳児の心の中に入っていくことを想像することは，どのようにして可能かと考えることから始めました。わが子を理解しようとするとき，彼らの体験の本質を把握することは，親であるあなたの願いを満たすだけでなく，子どもの側の情緒的欲求，つまり理解され，自分の感情をあなたに包容(コンテイン)してもらいたいと思っている，情緒的欲求を満たすことにもなります。それは，大変に創造的で共感に満ちたプロセスであり，やってもやってもこれでおわりというものがありません。ときに，そのような作業は，心理的に圧倒されるような体験でもあり，親自身が情緒的に支えられていることが大変重要になります。もちろん，そのとき親がしていることの価値は，どんなに高く評価しても足りないほどです。親が子どもを理解していくことで，子どもは自分のありのままの姿を知らしめることが可能になり，そしてありのままの自分に根づいていると感じることができます。

　親子の間の理解のプロセスとコミュニケーションのチャンネルは，最初から存在しています。それらは，英語やスペイン語などといった言語に依っているのではなく，親が，赤ちゃんに対して開かれた心の状態にあるかどうかが関係しています。親の心の中に赤ちゃんの体験を抱っこし，包容するということは，言いかえれば，親が愛情をこめて子どものことを深く考えていくことなのです。このような営みの中で，赤ちゃんの言葉の世界は，想像の世界と一緒に発達していきます。そうして，赤ちゃん自身の物語，そして他の人々の物語は，人生を豊かにするものとなるのです。これとほぼ同時期に，赤ちゃんは，身体的にも情緒的にも新しい一歩を踏み出すことになり，自信

が形成されていくのです。
　赤ちゃんの好奇心や探索活動は情緒発達上極めて大切なものであり，非常に深い意義があります。それは，母親の探索から始まって，より広い世界へと拡がっていきます。そして遊び時間は，楽しくて面白いだけでなく，子どもの視野をさらに拡げてくれるのです。というのは，感情や不安というものは，遊びの領域を通して探索され，包容（コンテイン）されるからです。遊びの中で赤ちゃんは容器（コンテイナー）に対する興味を何度も示しますが，それは，彼らがさらに先を目指そうとしているときに，情緒を包容してもらうことを必要としていることを反映しているのでしょう。想像的なごっこ遊びは，子どもが世界を拡げていくとともに，自分自身の内面の風景を遊びの中に表現することで探索することを可能にします。同時に，そのような遊びは，外的現実世界の中で実際に体験したことを，子どもが遊びの中で安全に探索することをも可能にします。
　家族のメンバーと赤ちゃんとの関係がますます重要になるにつれ，それぞれのメンバーは，さまざまな状況において，赤ちゃんが世界や自分自身を発見するための豊かな土壌を提供します。赤ちゃんもまた，心の中にあるいろんな考えを探索するようになり，両親に対するエディプス空想をいろいろと抱く中で，次第に協力し合うカップルという有益な概念が根づき始めます。家庭生活が営まれていく中で，食事時間は重要な部分ですが，家族の食卓で，赤ちゃんは食べ物の新しい味や食感の世界を探索することを続けていきます。自分自身の小ささや依存感情との闘いは，母親と赤ちゃんの間に長期にわたる依存的な食物摂取の関係があることと密接に結びついているのかもしれません。こういった状況に対抗するため，幼い子どもたちは，（たとえば朝食のシリアルなどを）自分自身で選択するといった，自分に権限を与えてもらうことを必要としているのかもしれません。
　そのような選択ができるようになり，1歳児がより自分を主張するようになるにつれ，彼らの性格が形成されてきます。子どもにとって，自分のアイデンティティの感覚を発達させることが，優先事項になります。この点で，1歳児が，第一子であれ，大家族の中の一人であれ，家族内での位置づけは，大きな影響を与えます。しかし，その位置づけは変化することがあります。

家族に新しい赤ちゃんが生まれるということは大きな出来事であり，そのことによって，幼い子どもは大いに影響を受けます。幼い子どもは，他のことについてと同様，この事柄についても，（たとえば，新しい赤ちゃんはどこで眠るのかということについて）自分なりの意見を持っているかもしれません。子どもの意見を尊重し，家族内の違った意見を許容することは，親であるあなた自身の意見を保持することをも意味します。「どうしてもダメ」という最終的な禁止の言葉を聞くことが，赤ちゃんにとって最も役に立つことがあります。しかし，彼らは，それに対してかんしゃくを起すでしょう。何がよくて何がダメかを明確にして，子どもの気持ちを配慮して，こうした子どものかんしゃくに対応していくことが大切でしょう。そのような激しいかんしゃくに似た感情がさまざまな恐怖に変わるかもしれませんが，親であるあなたの理解や包容は，その恐怖をも和らげることでしょう。外界に投影された怒りに満ちた欲求不満の感情は，荒々しい形で戻ってきて，1歳児につきまとうことがあります。これらの恐れや恐怖症は，よりバランスのとれた大人の見方によって認識され，包容される必要があります。このようにして，それらの恐れや恐怖症は減少していき，徐々に背景へと退いていきます。

しかし，あなたの赤ちゃんが一番恐れているのは，あなたなしで生きることです。短時間離れていることに価値があると認めることは，あなたから離れていることから生じる赤ちゃんの心の痛みを考えなくてもよい，ということではありません。その苦痛は，赤ちゃんの愛情の深さから生じるものです。それは親密さから生じる苦痛ですから，否認され拒否されれば，情緒的な犠牲も大きいのです。あなたが赤ちゃんの心の痛みをしっかりと見据えて，赤ちゃんに代わってそれを包容するならば，赤ちゃんは自分の痛みをより自由に表現し，そのような感情に触れたままでいることができるようになります。赤ちゃんが，自分を助け，包容してくれる親という概念を心の中に保持する能力を身につけると，数々のさよならを乗り越えることができるようになります。この概念の発達は，親への信頼に依存しており，このような信頼感を育てるために親がすることは，すべて子どもの役に立ちます。睡眠の安定やトイレット・トレーニングの達成は，赤ちゃんが信頼感を育んでいくことに

つながります。何事にもじっくりと時間をかけていくことが大切なのです。

　最後に私たちは，家の外に広がる赤ちゃんの世界のことや，さまざまな社会的なグループに入ることのメリットについて検討しました。分かち合い，友達になることを学ぶことは，1歳児がより自立した人生に歩みを進める際に，役に立ちます。それは勇気の要る歩みであり，それぞれの歩みには，なんらかの情緒的な犠牲が伴います。進歩の背後には，常に何かが残されていくかもしれないことを意味するのです。しかし，前に進んでいくことは，希望にあふれ，冒険に満ちています。子どもを，より構造化された遊びの設定の中で見ることは，子どもが勇敢にも踏み出そうとしている次のステップを理解し，援助するための絶好の機会となります。

　本書は，さまざまな親が，自分の子どもについて発したいろんな疑問を列挙したままで終わりました。なぜそうしたかというと，それが現実だからです。親たちは皆，自分の子どもに関してはこのような状況であり，どれほど答えが欲しくても，いつも不十分な答えしかないのが現実なのです。親たちがどれだけ1歳児を理解しようとしても，それが完全に成し遂げられることはありません。大人同様，子どもたちも，一人の人としての心を持っているのです。そして，一人の人の心を完全に知り尽くすことは誰にもできないのです。ですが，問いを投げかけ，好奇心を持ち続けることは，前進するための唯一の道です。もしも親が，子どもとの関わりで，このことができたなら，つまり，わが子に対して，常に回答を持っているわけではないけれども，ああかな，こうかなと問いを発して考え続けることができるほどに関心を持ち続けることができれば，人生を生きていく中で興味や好奇心がとても大切であるという考えが，子どもの心の中に染み込んでいくことになるでしょう。あなたの子どもは，より広い世界の入り口にいます。その世界は，子どもにとって，未知なことでいっぱいです。もしも親が，答えがわからないことに耐えて関心を持ち続けることができれば，幼い子どもも，同じような体験に耐えることができるよう，援助されることになります。答えがわからないことで，あなたが探究を止めることはないのです。

　今後，あなたが赤ちゃんと一緒にいない時間が出てきます。子どもが成長

するにつれ，親から離れてより長時間過ごすことが，自然でポジティブな前進となります。親が子どもに望むことは，子どもが希望を抱いて前向きに，自信を持ってこの成長への道を歩んでいくことです。子どもがこのような心の状態を持つことこそ，あなたが子育ての一番最初から目指してきたものです。このような自立というのは，子どもが親から離れて，自分自身でそれを行うという類のものとは異なります。それはむしろ，両親が協力し合って自分を援助してくれることを信頼し，それに依存することと関係しており，そのようなカップルとしての親のイメージが徐々に，子どもの心の基盤となっていくのです。そのような援助してくれ，信頼できる両親イメージは，徐々に子どもの心の中の資源となり，子どもの心の中で一生を通じて子どもを導き，励ましてくれるものとなります。

　こんなにも幼い時期から，1歳の子どもは，このような内的資源を構築し続けているのです。彼らは，心の内にある，自分を援助してくれる人物イメージへの信頼を築き上げるために，現実の親や養育者からの慰めや確証を繰り返しもらえることを期待しています。もしもこの良いイメージが根づくことができれば，それは子どもを将来にわたって情緒的に支え豊かにしていきます。その良いイメージは，常に心の中にあって，自分自身の潜在力を最大に開花させる人生を送れるよう，子どもを勇気づけてくれるのです。そのイメージは，本質的には，将来に対する楽観と希望によってみたされた考えなのです。

読書案内

第Ⅰ部　0歳の子どもを理解する

Daws, D. (1989) *Through the Night: Helping Parents and Sleepless Infants.* London: Free Association Books.
Harris, M. (1975) *Thinking about Infants and Young Children.* Strath Tay, Perthshire: Clunie Press.
Phillips, A. (1999) *Saying "No": Why It's Important for You and Your Child.* London: Faber and Faber.
Winnicott, D.W. (1964) *The Child, the Family and the Outside World.* London: Penguin.（猪股丈二訳：子どもと家族とまわりの世界［上・下］．星和書店，1985，1986．）

第Ⅱ部　1歳の子どもを理解する

1歳児のために

Ahlberg, A. and Howard, P. (1998) *Mockingbird.* London: Walker.
Anonymous (1997) *What's That? A First Word and Picture Book.* London: Campbell.
Ayto, R. and Cottringer, A. (1997) *Ella and the Naughty Lion.* London: Mammoth.
Bradman, T. and Amstutz, A. (1996) *Just Us Three.* London: Harper Collins.
Burningham, J. (1994) *Avocado Baby.* London: Red Fox.（青山南訳：アボカド・ベイビー．ほるぷ出版，1993．）
Cornell, L.J. and Cony, F. (1998) *The Timid Tortoise.* London: Tango.
Hawkins, C. and Hawkins, J. (1993) *Where's My Mummy?* London: Walker.
Seuss, Dr (1980) *Green Eggs and Ham.* London: Collins.
Thompson, C. (1991) *Baby Days.* London: Orchard.
Waddell, M. and Dale, P. (1992) *Rosie's Babies.* London: Walker.
Ziefert, H. and Boon, E. (1988) *Mummy, Where Are You?* London: Puffin.

1歳児について

Daws, D. (1989) *Through the Night: Helping Parents and Sleepless Infants.* London: Free Association.
Fraiberg, S. (1968) *The Magic Years: Understanding and Handling the Problems of Early Childhood.* London: Methuen.（詫摩武俊，高辻礼子訳：小さな魔術師——幼児期の心の発達．金子書房，1992．）
Harris, M. (1983) *Thinking about Infants and Young Children.* Strath Tay: Clunie Press.

監訳者あとがき

　本書は，乳幼児精神保健の領域で世界的によく知られた，英国のタビストック・クリニックが刊行してきた「タビストック 子どもの心と発達シリーズ」のうち，「0歳の子どもを理解する」と「1歳の子どもを理解する」の全訳を収録したものです。
　本書は，ふつうの育児書の類と違って，「こういう場合こうしたらよい」といったアドバイスはあまりありません。むしろ読者である親御さんが，それぞれのお子さんをよりよく理解していき，そしてお子さんが親御さんをよりよくわかっていくことを手助けすることを目指しています。つまり，親子の情緒的なつながりを深めるヒントがちりばめられているのです。このように親子が互いをわかりあうようになること，親が子どもの個性を尊重し，主体性を育み，好奇心や探求心を大切にし，恐れや心の痛みを克服するのを助けてあげることがいかに大切か，本書を読み進む中で，読者は実感するでしょう。幼い子どもが少しずつ自分自身を発見することが大事なのと同じように，親も自分なりの子育てのやり方を発見していくことが大切であるということも本書の重要な主張です。「正しい」子育てのやり方などないのです。こうした「正しさ」にとらわれることなく，自分自身の気持ちと子どもの気持ちを大切にする中で，親として成長することができ，結果的に子どもはすくすくと育っていることに気づく，というのが世の多くの親にとって，子育ての実感ではないでしょうか。
　このように本書の基盤になっているのは，わが子を自分の思ったように育てるのではなく，子どもが自分自身の中にあるものを見つけ出していき，家族から始まってより広い世界の中で素晴らしい出会いをしていけるような力

を培う手助けをするような子育て観です。日々の子育てに頭がいっぱいの親御さんの中には，こうした考えは絵空事のように思う方もいらっしゃるかもしれません。しかし，それぞれの子どもの心を大切にし，子どもと親との情緒的な絆を大切にしていく，こうした視点は，実のところ，長い目で見ると，子どもにとっても，親にとっても，人生がより満足のいくものになるためにとても大事なことではないでしょうか。このことを，本書の著者たちは長年の臨床経験の中で実感しているのです。

本書を刊行しているタビストック・クリニックには，毎日たくさんの子どもたちや青年が心理治療（精神分析的心理療法）のためにやって来ます。彼らの多くは，心に傷を負い，生きる力を失っていたり，混乱のために潜在的な力を全く発揮できないでいたりする子どもたちです。あるいは，子育てに大きな悩みを抱えた親御さんたちが相談にやって来ます。本書の著者たちは，こうした心理治療の経験の中から，子どもがその持てる力をどのようにしたら開花できるようになるのか，どのような状況がそれを阻んでしまうのか，乳幼児期に大切なことは何なのかについて明確な考えを持って本書を執筆しているのです。つまり本書には，すぐ役立つようなアドバイスはありませんが，半世紀以上もの心理治療という臨床実践に基づいた子育ての知恵が平易な文章で表現されているのです。

本書がこのような臨床実践の専門的知識（特に，精神分析）にしっかりと根ざしていることは，乳幼児精神保健の専門家の方々は一読すればお分かりになると思います。こうした点で，本書は，赤ちゃんや幼児を抱える親御さんだけでなく，子育て相談に携わる臨床心理士や小児科医，保健師，保育士，さらにこうした分野に関心のある学生にとっても大いに得るところのある内容になっています。

本書の翻訳は，NPO法人子どもの心理療法支援会の有志で進められました。NPO法人子どもの心理療法支援会は，本書の著者たちと同じ専門である児童青年心理療法による援助を，わが国の子どもたちや親御さんたちがもっと利用できるように活動している団体です。私たちは，本書にみられるような子育ての知恵を多くの親御さんたちと共有していくことも大切な活動だ

監訳者あとがき　193

と考えており，本書の翻訳の仕事もそのような活動の一環として企画されました。

　本書の第Ⅰ部「0歳の子どもを理解する」は，脇谷順子さん（国際基督教大学准教授），第Ⅱ部「1歳の子どもを理解する」は，「はじめに」，第1章，第2章，「おわりに」を西村富士子さん（追手門大学学生相談室カウンセラー），第3章，第4章，第5章を姫木真由美さん（御池心理療法センター心理療法士）が翻訳を担当しました。彼女たちはいずれもNPO法人子どもの心理療法支援会の専門会員です。出来上がった訳稿を，武藤誠がまず推敲し，そののち私が適宜修正を加えていきました。また，NPO法人子どもの心理療法支援会事務局の藤田理映子さんには訳稿に目を通していただき，いくつかの貴重な指摘をしていただきました。とりわけ本書の刊行には，企画段階から，最終的な訳稿作成段階での丹念な訳文のチェックと誤訳の指摘に至るまで，岩崎学術出版社の長谷川純氏の力が非常に大きかったことを，深い感謝の意を込めてここに記しておきたいと思います。

　本書のもとになった「タビストック　子どもの心と発達シリーズ」（アンダースタンディング ユア チャイルド）は，実は今回が3番目のシリーズになります。最初のシリーズが刊行されて以来40年以上にもわたって，幼子と格闘する多くの親御さんたちや，子育てに関わる専門家の間で絶大な支持を本シリーズが得てきたことは，本書に書かれていることが，子育て実践に大いに役立つことが実感されてきたことの証しだと思います。本書が，赤ちゃんを抱えて途方に暮れているお母さん，あるいはよりよい子育てのヒントを得たいお父さん，子育て支援の保健師さん，つまりこの国の未来を担う子どもたちと格闘しているすべての人に役に立つことを願っています。

　　2013年4月

　　　　　　　　　　　　　　　　　　監訳者を代表して　平井 正三

索　引

あ行

愛情　47
アイデンティティの感覚　185
赤ちゃんのための安全保護策　121
赤ちゃんのパーソナリティ　62
赤ちゃんへの否定的な気持ち　49
遊び　78
　──の世界　125
遊ぶこと　75, 125
新しい赤ちゃん　144
アドバイス　30
『アボカド・ベビー』　117
新たな分離についての感情　63
安全な基地　69
子育て相談（アンダーファイブ・カウンセリング）サービス　130
アンビバレントな感情　183
依存　43, 139
　──をめぐる複雑な感情　139
一般診療医（GP）　130
いないいないばあ遊びの初期の形態　61
歌　117
うぬぼれ　79
エディプス葛藤　136
エディプス空想　135, 185
エディプス状況　136
絵本　116
エリオット，T. S.　108

か行

オ・ペア　160
おっぱいを拒否する赤ちゃん　56
親子の絆　15
　──づくり　22
親自身の限界　151
親の期待　85

会話　110
　相互的な──　110
家族の食事時間　137
かんしゃく　151, 168
「完璧」な親　41
規則正しさ　33
競争心　179
きょうだい　144
　──の嫉妬心　144
協力し合うカップル　132
限界設定　82
好奇心　123
攻撃性　178
構造化された遊びの設定　179
子育ての情緒的負担　51
言葉　112
容器（コンテイナー）　126, 185
包容（コンテイン）　185
「コントロールド・クライング（泣くことのコントロール）」法　64
混沌　33

さ行

罪悪感　88
　　──の影響　93
挫折すること　79
さみしさ　73
産後グループ　34
子宮内での生活　17
試行錯誤　46
自己主張　147
仕事への復帰　93
自主性　69
自然分娩　18
嫉妬心　143
『灼熱』　142
就寝の日課　169
出産の経験　19
授乳　26
　　──関係　28
情緒的な深みを持った関係　49
初語　113
助産師　32
初歩　118
人工乳　28
　　──か母乳か　27
新生児　30
身体的攻撃　178
陣痛　18
信頼感　164
　　親への──　165
睡眠　62
生活リズム　34
喪失　59, 88
喪失感　49
想像的な遊び　125
想像力　115
相談機関　51
『ゾウのネリー』　115

た行

胎児　17
「代理母」に対するライバル心　95
託児の不安　94
探索　122
　　──活動　185
短時間の分離　159
チャイルドマインダー　160
つわり　16
帝王切開　19
トイレット・トレーニング　170
同年齢集団　85
童謡　116

な行

乳母（ナニー）　160
喃語　76, 113
難産　23
憎しみ　48
日課
　　就寝の──　169
　　毎日の──　169

は行

バーニンガム，J.　117
歯が生えること　73
発語　113
パニック　38
母親業　26
母親グループ　34
母親的な世話　17
母親の気分の落ち込み　49
バランスの取れた態度　41
ひとり親　132
複雑な人間的感情　48
不妊治療　16
ふり　76

プレイグループ　124
文化的行動　178
分離　61, 89
分離に伴う痛みの感情　159
ベビーシッター　94
保育園　95
保育士　95
保育所　160
包容　112
保健師　34
「欲しがるときに授乳」（フィード・オン・ディマンド）　44
母乳　28
　　──育児　98

ま行

マーライ, S.　142
毎日の日課　169
見知らぬ環境　37

物語　117

や行

夜間の恐怖　168
良いカップルの概念　133
欲求不満　46
夜泣き　66

ら行

理想的な母親　72
離乳　93
　　──の影響　98
離乳食　58
　　──の導入　58
流産　16

わ行

分かち合うこと　176

原著者紹介

ソフィー・ボズウェル（Sophie Boswell, BA (Oxon), PGDip, MPsychPsych, MACP）
タビストック・クリニックで訓練を受けた児童心理療法士である。ロンドン在住で，二人の子どもを育てており，そのうちの一人は現在まだ赤ん坊である。

サラ・ガスタヴァス・ジョーンズ（Sarah Gustavas Jones, MA, MACP）
ロンドンのグレート・オーモンド・ストリート病院に勤務するコンサルタント児童青年心理療法士であり，タビストック・クリニックの客員講師でいくつかのセミナーで指導している。中学校や高校でのスクールカウンセリングの経験があり，現在は，5歳以下の子どもを持つ親への短期のカウンセリングの研究をしている。二人の幼い子どもがいる。

監訳者略歴

平井正三（ひらい　しょうぞう）
1994年　京都大学教育学部博士課程 研究指導認定退学
1997年　英国タビストック・クリニック児童・青年心理療法コース修了
　　　　帰国後，佛教大学臨床心理学研究センター嘱託臨床心理士，京都光華女子大学助教授などを経て，現在，御池心理療法センター（http://www.oike-center.jp/）にて開業の傍ら，NPO法人子どもの心理療法支援会（http://sacp.jp/）の代表を務める。2011年より大阪経済大学大学院人間科学研究科客員教授に就任。
著　書　『子どもの精神分析的心理療法の経験』（金剛出版），『精神分析的心理療法と象徴化』（岩崎学術出版社）
訳　書　〔共訳〕
　　　　アンダーソン編『クラインとビオンの臨床講義』（岩崎学術出版社），ヒンシェルウッド著『クリニカル・クライン』（誠信書房），ビオン著『精神分析の方法Ⅱ』（法政大学出版局），アルヴァレズ著『こころの再生を求めて』（岩崎学術出版社），メルツァー著『夢生活』（金剛出版）
　　　　〔監訳〕
　　　　ブロンスタイン編『現代クライン派入門』（岩崎学術出版社），タスティン著『自閉症と小児精神病』（創元社），ボストンとスザー編『被虐待児の精神分析的心理療法』（金剛出版），ウィッテンバーグ著『臨床現場に生かすクライン派精神分析』（岩崎学術出版社），ウィッテンバーグ他著『学校現場に生かす精神分析』（岩崎学術出版社），ヨーエル著『学校現場に生かす精神分析〈実践編〉』（岩崎学術出版社），バートラム著『特別なニーズを持つ子どもを理解する』（岩崎学術出版社）

武藤　誠（むとう　まこと）
2003年　京都大学大学院教育学研究科博士課程単位取得退学
専　攻　臨床心理学
現　職　淀川キリスト教病院 精神神経科 心理療法室
訳　書　ウィッテンバーグ著『臨床現場に生かすクライン派精神分析』（岩崎学術出版社），バートラム著『特別なニーズを持つ子どもを理解する』（監訳，岩崎学術出版社）

タビストック 子どもの心と発達シリーズ
子どもを理解する〈0〜1歳〉
ISBN978-4-7533-1059-3

監訳者
平井正三
武藤　誠

2013年5月17日　第1刷発行
2015年9月11日　第2刷発行

印刷　広研印刷(株)　／　製本　(株)若林製本工場

発行所　(株)岩崎学術出版社　〒112-0005　東京都文京区水道1-9-2
発行者　村上　学
電話　03(5805)6623　FAX　03(3816)5123
©2013　岩崎学術出版社
乱丁・落丁本はおとりかえいたします　検印省略

特別なニーズを持つ子どもを理解する
バートラム著　平井正三・武藤誠監訳
タビストック 子どもの心と発達シリーズ　　　　　　　　本体1700円

母子臨床の精神力動——精神分析・発達心理学から子育て支援へ
ラファエル-レフ編　木部則雄監訳
母子関係を理解し支援につなげるための珠玉の論文集　　本体6600円

学校現場に生かす精神分析【実践編】——学ぶことの関係性
ヨーエル著　平井正三監訳
精神分析的思考を生かすための具体的な手がかりを示す　　本体2500円

学校現場に生かす精神分析——学ぶことと教えることの情緒的体験
ウィッテンバーグ他著　平井正三・鈴木誠・鵜飼奈津子監訳
「理解できない」子どもの問題の理解を試みる　　　　　　本体2800円

臨床現場に生かすクライン派精神分析——精神分析における洞察と関係性
ウィッテンバーグ著　平井正三監訳
臨床現場に生きる実践家のために　　　　　　　　　　　　本体2800円

こどものこころのアセスメント——乳幼児から思春期の精神分析アプローチ
ラスティン／カグリアータ著　木部則雄監訳
こどもの心的世界や家族関係を力動的視点から理解する　　本体3700円

精神分析的心理療法と象徴化——コンテインメントをめぐる臨床思考
平井正三著
治療空間が成長と変化を促す器であるために　　　　　　　本体3800円

こどもの精神分析——クライン派・対象関係論からのアプローチ
木部則雄著
こどもの空想，攻撃性や悩みに真摯に向き合うセラピストのために　本体4000円

こどもの精神分析Ⅱ——クライン派による現代のこどもへのアプローチ
木部則雄著
前作から6年，こどもの心的世界の探索の深まり　　　　　本体3800円

この本体価格に消費税が加算されます。定価は変わることがあります。